U0538841

褚民誼

主編／褚幼義
Chief-editor／CHU Youyi

紀實全傳

第一卷 立志求真

編寫組

主編：褚幼義

成員（以姓氏筆畫為序）：

    大　彪

    王　蘭（Valentina de Monte）

    褚幼義

    褚叔炎

    褚季燊

    褚孟嫄

    澤爾丹

    韓曉明（Jonathan Henshaw）

（本書版權歸主編所有）

導讀

褚民誼是民國時期一位令人矚目的歷史人物，他為實行社會革命、踐行三民主義的多彩人生，及其所涉及的紛繁人物和事件，跌宕起伏，是那個波瀾壯闊時期不可分割的一個組成部分。以人民利益為核心，以真實史料為基礎，是當今歷史研究應該遵循的準則。本書的編寫，就是在「以人為本」思想的啟示下，褚氏後人於2005年到浙江湖州南潯老家和曾經的民國首都南京「尋根之旅」的調查訪問醞釀起步的，歷經近廿年來編寫組們對原始資料廣泛深入的探尋、收集、整理，而終成此五卷一套的《褚民誼紀實全傳》。

本書著者除詳細查閱國內外圖書館和檔案館的有關材料外，還親至有關處所深入調查研究，尋覓遺存至今的珍貴文物資料，再現褚民誼當年活動的場景。例如，先後多次探訪南潯老家；遍訪他在南京主持修建的各大古寺和諸多有關的文化單位；三度訪問他曾以校為家長期擔任校長的上海中法國立工學院舊址；參觀他曾參與籌備的杭州西湖博覽會紀念館；踏訪貴州盤縣他曾率京滇週覽團往返路經的要隘之地；以及國民革命策源地廣州，他學成歸國效力之始執掌國立廣東大學和抗戰勝利前夕最終任職廣東省長之地，如此等等。此外還先後專程赴境外調查研究，如：2009年訪問法國里昂中法大學遺址和里昂市立圖書館；2014年到美國國會圖書館特許調閱了褚民誼之特藏相冊十五部；2016年到臺北之中國國民黨黨史館、中華民國國史館和國家圖書館[1]，獲准查閱許多珍貴的原始資料，包括曾經的保密檔案、書信和被毀古跡之原始拓片等等。

本書作為紀實性的傳記，力求內容真實可靠，能經得起檢驗。編入書中的材料均經編者親閱。引用材料時盡量摘錄其原文，並用標楷體示出褚民誼的言論。對於歷史上的單位和人物，一律使用當年實際使用的稱謂，除原文中已有者外，均不冠以「匪」「偽」等附加詞。

本書是集體努力的結晶。編寫組成員中，包括褚民誼的後人褚孟嫄、褚叔炎、褚季燊和褚幼義姐弟四人，以及民國史研究者澤爾丹先生和大彪先生，法國里昂市立圖書館原中文部主任王蘭（Valentina de Monte）女士和加拿大英屬

---

[1] 書中分別簡稱為「臺黨史館」「臺國史館」和「臺國圖」。

哥倫比亞大學歷史學系中國近代史研究者韓曉明（Jonathan Henshaw）先生。在本書收集資料和調查研究過程中得到了眾多有關人士的大力支持、協助和鼓勵，這裡一併致以衷心感謝！本書中倘有不足甚或謬誤之處，尚請讀者不吝指正補充。

　　本書梳理了豐富的原始資料，力圖從造福民眾的視角，撥開迷霧，將一部真實的褚民誼生平事蹟全面地呈現於世人前。此前曾率先由「秀威資訊」於2021年1月出版的《重行傳－褚民誼生平紀實》，可視為本書先期的精練本，以滿足讀者的不同需求。

　　褚民誼生於1884年，值此誕辰一百四十週年之際，謹以本書永鎸紀念！

主編褚幼義，2024年1月17日於北京

目次

編寫組 ··· 3

導讀 ··· 5

褚民誼生平簡介 ·· 9

第一篇　早年立志（1884-1904） ························ 13

第一章　世業儒醫，家訓疏考 ····························· 15

第二章　慶生明遺，更名自勵 ····························· 21

第三章　同鄉人傑，慧眼識材 ····························· 25

第二篇　留學投身革命和旅歐教育（1904-1924） ···· 29

第一章　先至扶桑，後渡歐陸 ····························· 31

第二章　自由之邦，建立堡壘 ····························· 37

　第一節　入同盟會，建印書局 ························· 37

　第二節　普及革命，創新世紀 ························· 41

　第三節　面向世界，名人榜樣 ························· 47

　第四節　「風箏」「豆腐」，飛渡海西 ············ 54

　第五節　比國博覽，嶄露頭角 ························· 65

第三章　革命輔成，勤工儉學 ····························· 69

　第一節　辛亥革命，回國贊襄 ························· 69

　第二節　提倡儉學，重返歐洲 ························· 72

　第三節　一戰爆發，回國倒袁 ························· 76

第四節　三度赴法，學工兼顧 ································ 78
　　第五節　入讀波大，鑽研醫學 ································ 86
第四章　海外大學，創立里昂 ···································· 89
　　第一節　肩負重任，籌建里大 ································ 89
　　第二節　中法友誼，譜寫新篇 ································ 100
第五章　力促華絲，重振旗鼓 ···································· 111
第六章　中國美術，首展歐洲 ···································· 119
第七章　醫學博士，論文解讀 ···································· 125
　　第一節　鍥而不捨，終達宿願 ································ 125
　　第二節　兔陰期變，題解自述 ································ 130
　　第三節　蔡元培序　指明真諦 ································ 132
　　第四節　竣業鳴謝，告別歐洲 ································ 134
第八章　旅行雜誌，歐遊追憶 ···································· 137

褚民誼生平簡介

　　褚民誼，字重行，浙江湖州南潯人，1884年1月17日生於世代儒醫之家。他自幼起反對封建鄙俗和滿清統治，自改出生之名「慶生」為「明遺」。1899年入蘇州天賜莊博習醫院學習。翌年回鄉，就讀於明理學塾和潯溪公學。1904年得張靜江資助，先赴日本求學年餘，後於1906年隨張氏改赴法國，途經新加坡時兩人一起加入同盟會。到巴黎後，他即在張氏的支持下與李石曾、吳稚暉等人一起創辦「中國印字局」，編輯出版《新世紀》週刊和《世界》畫報等刊物，宣傳和倡導社會革命。並以「平等自由，民之正誼；大同博愛，重在實行」勵志（見後圖），更為現名。1909年孫中山訪問法國數月，他在印字局負責接待。1911年武昌起義後，他回國支持成立南京臨時國民政府，曾與張靜江等聯名捐銀十萬兩。1912年3月孫中山派他和黃郛及姚勇忱到上海成立同盟會上海總機關部，他被公推為總幹事。在滬寧期間，他積極參與發起赴法「儉學會」「世界社」和「進德會」等組織，於是年9月二次赴歐，成為官費留學生。1913年就讀於比利時布魯塞爾自由大學。1914年第一次世界大戰爆發，他回國參加倒袁活動，先到南洋，曾主蘇門答臘黨報筆政。1915年從上海到日本，與孫中山等革命黨人匯合。是年第三次赴法，入巴黎醫科大學和都爾醫校預科，畢業後入波爾多醫科大學肄業。留學期間與蔡元培、李石曾、吳稚暉、汪精衛等人共同發起組織「華法教育會」，開展勤工儉學運動。1920年移居里昂，負責籌建「里昂中法大學」，任里昂中法大學協會中方秘書長。1921年初曾全程接待首訪里昂的中國輯里絲業代表團，力圖扭轉華絲在國際上的頹勢。是年10月里大開學，吳稚暉從國內招來新生，出任校長，他任副校長。1922年他轉入斯特拉斯堡大學醫學院繼續學業。1924年首次在歐洲舉辦「中國美術展覽會」，蔡元培和他分別被推舉為名譽會長和副會長。1924年初發表論文《兔陰期變論》，獲醫學博士學位後又繼續取得藥劑師學位。

　　1924年底回國效力，任國立廣東大學教授，並於1925年初被委任為該校代理校長兼醫學院院長，曾參加第二次東征任軍醫處處長。1926年國民黨二大上當選為中央候補執行委員，2月被任命為國民政府教育行政委員會委員，署理廣東大學校長兼籌備中山大學事宜。北伐革命期間，他曾任總司令部後方軍

醫處處長。上海攻佔後，他為黨內團結進行多方斡旋，曾任國民黨中央特別委員會商民部主任和訓政實施方案委員會常務委員。1927年底遞補為中央執行委員，出任中央黨部秘書長。繼而先後任國民黨第三、四、五屆中央監察委員。1929年任行政院中比庚款委員會中方委員長。1930年率團參加比利時國際博覽會，獲獎牌總數第三的好成績，並將中國美術和美術界推上了國際舞臺。1932年發表專著《歐遊追憶錄》。1931年率中法學術團赴新疆考察並代表中央視察新省黨務。「九一八」事變爆發，他奔走呼籲無條件停止黨內紛爭一致對外。蔣介石與汪精衛聯合執政組府後，他於1932年到1935年出任行政院秘書長，並擔任全國經濟委員會委員和新疆建設計劃委員會主任委員，積極謀劃開發大西北。1936年他被特派為首屆國民大會代表選舉事務所副主任。1937年親率京滇週覽團，驅車打通大西南。

　　他重教育人，倡導「德、智、體、美、群」五育全面發展，主張勞心與勞力相結合。1927年北伐勝利後，出任中央政治委員會上海臨時分會教育委員會主席，並相繼擔任大學院和教育部大學委員會委員等職。從1927年到1939年擔任上海中法國立工學院（原中法國立工業專門學校）中方院長兼訓育主任。他十分重視普及教育和職業教育，1930年曾與教育部長朱家驊聯名向中央提出厲行本黨教育政策案，還於1932年發起組織中國教育電影協會，任歷屆理事和設計組主任。

　　1927年他最早提出在政府內設立衛生部的建議，1928年赴歐考察衛生回國後，任衛生建設委員會常務委員會主席和中央衛生委員會委員，創建中華衛生學會任理事長，並擔任東南醫學院董事長、上海勞工醫院和上海平民療養院院長等職。他主編《醫藥評論》《社會醫藥報》《醫藥導報》等刊物，提倡社會衛生化、醫藥科學化。他力主醫藥並重，創辦中法大學藥科親任學長，並積極扶植民族新藥業，為其發展提出了「直銷、自製、創新」三步走的方針。曾任「中西大藥房」董事長，創辦「民誼藥廠」，並任「中法大藥房」董事和董事長。

　　他以體育科學化和民眾化為引導，身體力行大力提倡全民健康體育運動，創編太極操，發明太極推手器械，推廣踢毽子、放風箏等民間傳統運動項目，著有《太極操》（1931）、《毽子運動》（1933）和《國術源流考》（1936）等專著，並主編《康健雜誌》。1932年他主持籌備召開首屆全國體育大會，並任教育部全國體育委員會主任。1933年和1935年分別在南京和上海舉行第五和第六屆全國運動會，前者他任籌委會主任，後者任籌委會常委，還兼任兩會國

術組裁判長。他曾任中華全國體育協進會常務董事。1936年我國首次大規模派團參加第11屆柏林奧運會，他積極參與組織，主持選派國術表演團，揚威海外。

他是一位著名的業餘戲劇家，醉心於推動我國崑曲和崑劇事業的復興和發展。1942年編纂出版《崑曲集淨》（上、下冊），同時發表《元音試譯》，率先公開將中華傳統曲譜翻譯成通行的五線譜。1934年初他發起組織「公餘聯歡社」，任主任理事，在廣大公務員中提倡正當娛樂活動。1935年底出任中央文化事業計劃委員會副主任。曾參與創立國立戲劇學校，任校務委員。經他主持籌備，於1936年建成規模宏大的國立戲劇音樂院（國民大會堂）和國立美術陳列館。1938年主編出版由徐慕雲編著的《中國戲劇史》。他積極提倡美育，酷愛攝影，曾參與籌辦歷屆全國美術展覽會，任籌委會常務委員等職。他的攝影作品頗豐，常發表在相關刊物上，他還是1928年成立的著名民間攝影團體「美社」的創始社員，在歷次美社攝影展覽會上均有精品展出。此外，他擅長書法，其楷書有「顏容柳骨」之譽，曾於1939年為救助難民，在上海書聯五百「鬻書救難」。

他注重中西文化交流，除大力推動中外教育合作外，並曾任中國國際合作協會會長、中法友誼協會主席、世界文化合作中國協會常務籌備委員、中外文化協會董事長等職，先後榮獲法國、比利時和德國政府頒發的五枚勳章（見後圖）。

1937年全面抗戰爆發，他在淪陷區上海法租界內堅守崗位，主持中法國立工學院院務，維護滬上教育，並發起成立「生產建設協會」努力推動內地生產建設。在列強袖手、大片國土淪喪、生靈塗炭日甚的情勢下，為了盡力保障淪陷區內的民生，於1939年8月加入汪精衛組織的「和平運動」。在1940年成立的南京國民政府中，任行政院副院長兼外交部長，1940年底調任駐日本大使，1941年9月回國繼任外交部長。他還兼任國父（孫中山）陵園管理委員會、孔廟管理委員會和文物保管委員會主任和委員長等職，在有限的職權範圍內，力圖通過文化交流以化解干戈，努力維護中華文物古跡，在困境中積極開展醫藥衛生、文教體育和佛教濟世等諸多撫民活動，竭盡所能，保存國家元氣。

1945年7月日本戰敗前夕，他以犧牲精神南下任廣東省長兼廣州綏靖主任等職，意圖護粵保民並視機協助國軍。8月日本投降後，他主動擔當，在廣州繼續維持社會秩序。9月中旬國民黨軍統局將他拘押，10月送南京。1946年2月移至蘇州監禁，8月23日以「通謀敵國，圖謀反抗本國」之罪名，於監內處死。身後葬於上海虹橋公墓。

1937年褚民誼著大禮服佩戴下述五枚分別由德國、法國和比利時政府頒贈的勳章：
（領章左）第11屆奧運會一級勳章（德國，1936）The Olympic Order First Class (Germany, 1936)
（領章中）利奧波德司令勳位勳章（比利時，1930）Commander, Order of Leopold (Belgium, 1930)
（右胸上）法國榮譽軍團軍官勳位勳章（法國，1930）Officer, Legion of Honour (France, 1930)
（右胸中）利奧波德二世大臣勳位勳章（比利時，1929）Grand Officer, Order of Leopold II (Belgium, 1929)
（右胸下）皇冠大臣勳位勳章（比利時，1935）Grand Officer, Order of the Crown (Belgium, 1935)
（詳情見書中第三篇之第三章第三節、第四章第一節和第八章第四節）

褚民誼之座右銘
他立志終身踐行「平等自由，民之正誼；大同博愛，重在實行」，取其意，將原名「明遺」號「頌雲」更改為「民誼」、字「重行」。曾由吳稚暉題贈對聯，掛於書房中，原件已失，這裡用篆體字仿之。（詳情見書中第二編第二章之第二節。）

第一篇

早年立志
（1884-1904）

昔日之江南商貿重鎮－湖州南潯（2021年）

第一章　世業儒醫，家訓疏考

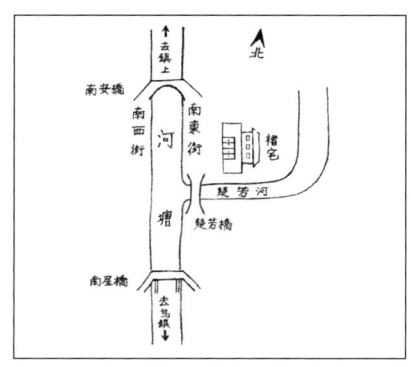

褚氏故居（褚宅）在浙江省吳興縣（今湖州市）南潯鎮的位置示意圖

在原褚宅基地上建起的南潯蠶繭倉庫（右上），位於鎮內通往烏鎮的河塘（左側）與楚芳河交匯處的楚芳橋（右下）北口（2005年）

　　褚民誼（Chu Minyi，曾稱Tsu Min-Yee），字「重行」（Zhongxing，曾稱Zong-Yung），曾用名「明遺」「慶生」號「頌雲」，別號「樂天居士」，祖籍浙江省吳興縣（今湖州市），常居南潯鎮。褚家世業儒醫，而以耕稼蠶桑為之副。傳到他的這一代，其父兄弟二人僅此一子，兩房均由民誼一人承繼。

　　褚氏故居位於南潯鎮南柵（曾稱南林）南東街楚芳橋北口，西臨由鎮內通往烏鎮的河塘，南部和東部為楚芳河環繞，屢經修繕成為坐東朝西三進兩層樓房的一個宅院（見左上圖）。1937年12月11日日軍入侵佔領南潯前夕，家人乘船避往鄉間，遭莠民搶劫後，與周圍大片房屋一齊被焚毀。在原宅基地上，現在蓋起的是南潯蠶繭倉庫（見右上圖）。

　　關於南潯褚氏家系的淵源，周延年撰寫的〈南潯褚氏家系考〉（《中日文化》[2.35] 1943年第3卷第5-7期）作了詳細的考證，主要依據的是元、明期間的文學家和書法家楊維楨（1296-1376）撰寫的「褚氏家譜序」，將褚氏家系溯源到西元前11世紀的周代。周公旦平定武庚叛亂後分封諸侯，建立了宋國，都城在商丘（今河南省商丘南）。宋共公子段封在了「褚」這個地方，號稱「褚師」，從而有了「褚」這個姓氏而相傳下來。此後直至唐朝，有書法家褚遂良（596-658或659），官至中書令，世稱「褚河南」，因反對高宗立武則天

為后，被貶職，由河南遷居錢塘（今浙江杭州），他的子孫居住的地方稱為褚家塘，褚氏從此落戶浙江。嗣後，有一部份後人徙居至吳興（今湖州），其中有先祖世超在南潯朱塢莊定居，從而褚氏家族在湖州南潯扎下了根。

　　褚民誼的父親褚杏田（1854-1931），字潤通，祖傳儒醫至四代，主外科兼製藥，於家宅前院設診所和藥房，行醫五十餘年，醫藥濟人，深受鄉里歡迎。他享年77歲，直至年逾七旬輟業之時，仍於去世前三年，到南潯育嬰堂，義務診視，朝往暮返。他思想通達，反對清廷腐政，主張維新變革。他對

褚杏田遺像[1.19]

獨子愛而不溺，誨而不蔽。在學習上諄諄以「三到」，即讀書必須「心到、口到、眼到」；習字必須「心到、眼到、手到」，嚴加要求。

　　1931年6月19日褚杏田辭世，時值褚民誼帶隊遠赴新疆視察行至荒漠途中，公務在身，交通梗阻，不克趕回治喪。褚子返京復命后，於1932年1月15日在南潯為父舉行葬禮，並發《褚杏田先生訃告》[1.19]以鳴哀悼。右上圖是刊登在訃告中的褚杏田遺像，由胡漢民書寫題銘。訃告中還選登了同鄉及親友，張人傑、吳敬恒、李煜瀛、汪兆銘、李烈鈞和蔡元培等人的親筆悼詞。一致頌揚杏田老人，醫學精深、培育哲嗣的「家學濟世」之美德。

　　褚民誼時刻聆聽和銘記家嚴的教誨，在他遠渡重洋的遊學革命生涯中，與其父保持密切通信往來。他對這些來鴻家書倍加珍惜，但由於後來為國事到處奔忙而有所缺失，僅存25函。遂於1939年將其彙集起來，裝幀成兩冊，親加注疏並系小詩。先由高齊賢加以編輯和補充考證，於1940年底起在《國藝》刊物上發表，不幸因該刊絕版而未能全載。嗣後經達天重纂，以〈重纂褚氏家訓彙疏考〉[1.60]為題（簡稱〈家訓彙疏考〉），如後頁右上圖所示，在「中日文化」月刊[2.35]上，從第3卷（1943年）第5-7、8-10、11-12期，到第4卷（1944年）第1期停刊為止，連續登載了赴法國後，於1906年7月10日的第一封，到回國後1925年3月6日的第20封家書，時間跨度近二十年，他的親身經歷以及有關的家事國事詳述其中，是一部難得的自傳式記實性史料。

作為編輯和考證人的高齊賢，在該文「導言」中寫到：「篇中涉及頗廣，二十年中革命事業，一部分之精神，與有關之人物，咸在其內，又不僅講仁說義，泛述經言者可同日語也。尤有必須特為指陳者二事，第一，杏田老先生不以路遠時長，而忽教子之意；先生[2]不以年深境異，而易追遠之心；至性至情，舉非人力，此足為吾人警惕者一。杏田老先生與周夢坡先生為同志，對於政治主君憲；先生為中山先生之信徒，主民治；父子政見雖殊，而天倫之情無與，此足為吾人警悟者二。先生更能善承親志，曲體父心，一方面宛慰老人使之安，一方面遂行抱負使之達，卒能完成所事，使老父掀髯而笑，以濡染歐風二十餘年之人，委曲孝事其親者如此，天性之厚，可以欽矣。

1943-44年間連續發表在「中日文化」月刊上的「重纂褚氏家訓匯疏考」之首頁[1.60]

齊賢受師門之教至深，以為潛德不彰，休風何益，又懼一部革命史跡之失傳也，故不諱無文，毅然輯錄而徵考之，讀者以為道義之箴，固可；以為革命史話，亦可；即以為名流小識，亦無不可也。」

該文以褚民誼於1939年10月21日親自撰寫的「先父　杏田公訓諭彙疏引」開篇。父慈子孝情深意切，往事回首難掩激情，字裡行間盡顯胸懷，也可視為本傳記的一個「自序」，全文援引于下：

「民誼籍吳興而家南潯（或曰南林），世業儒醫，而以耕稼蠶桑為之副，怡然處鄉党，鄰里燕如也，降至予身，門祚忽薄，兩房只一子，因更兼祧叔父家。時滿清失政，列國交侵，四海騷然，革命蜂起，民誼賦性不羈，好讀書而薄章句，喜接客而尚任俠；惟以鄉俗錮蔽，既格格不寵學新知，家世單傳，尤斷斷不合犯險阻；而民誼乃先至扶桑，東洋濯足，後渡歐陸，西海湔纓，躬行革命之綱，參贊兩征之役（黨軍東征北伐予均參與），探險西北，週覽京滇，屢為艱危之親，時任非常之重，雖於我心未足，差幸華冑無慚；至其所以不受

---

[2] 高齊賢在該文中尊稱褚民誼為「先生」或「師」。

第一章　世業儒醫，家訓疏考　17

民俗之拘，不被家庭所限，毅然以前，泰然而退者，皆先父賢達，洞明時勢，愛而不溺，誨而不蔽，有以玉成之也。

先父仁而愛人，豁達大度，濟世不期乎譽，醫人不計其酬，父母誰不愛其子，有慮航行之險，不令其子留學者，有懼戰陣之危，不允其子入軍校者，是皆婦媼之仁，名為愛之，實則害之也。先父愛民誼，過於愛一切，民誼以獨子承兩房，更視常人為不同，使先父亦執婦媼之心以為心，責予守堂奧，居里閈，看桑問稻，學舉讀書，民誼之志雖宏，又焉能肆志新知，弛驅寰宇。先父則否，以為生為男子，上之宜為造時勢之英雄；即不能是，亦宜為時勢所造之英雄；即不能是，亦當立身行道，慰祖榮宗，志在四方，不辱父母。則夫時既非關閉，國尤待俊髦，嬰婉聰哉，老夫髦矣，用是充予志量，遂我襟期，水天萬里，任其遊遨，海學千尋，聽其探測，民誼之有今日者，皆先父賢達，洞明時勢，愛而不溺，誨而不蔽，有以玉成之也。

先父對民誼，愛之愈深，期之愈切，教之愈嚴，道則不許其離，義則必端其守，知民誼性情堅執，故立教雖甚嚴，施教則甚委，獎以濟其懲，激以遂其方，或明誡而令遵，或潛施而默化；民誼雖時承訓誨，第感慈煦之可愛，不覺律己為凶；天下賢父亦多矣，為先父之中和周美者，不多覯也，惜民誼不孝，生既未能先意承志，定省有加，設又不能追遠慎終，三年無改，至於今日，此可愛之慈父，棄其不肖子之養逾八年矣，每讀生前之訓諭，輒深孺慕之微誠，且無論何人，苟閱先父之遺函，未有不生敬愛者。先父存不取聲聞，去不留撰述，所足資為紀念者，亦僅此四海周遊隨時拜奉之手諭若干通而已，然猶輾轉失遺，已非完璧，脫再續有零落，益將無以自安，因就所存，依次排比，得函廿有五，分為兩卷，付之裝池，逐函系疏，並麗微詠，思親感舊，於此兼之，展卷重觀，覺逝水光陰，重回少壯，浮雲人物，依舊當年，髣髴挨轉時來，無異活回頭去，此為感想中不易磨滅者一；至德不外嚴修，寡過端資明訓，重讀手諭，如對嚴親，許多大義微言，直如耳提面命，以當時之教誨，作此日之南針，有則改之，無則加勉，律來鑒往，受益無窮，此為感想中不易磨滅者二；謹志於此，用存我觀。

因念此了了二十五函，當先父信手書成，隨時寄發之際，只知教其愛子，決無壽世之思，民誼以敬愛先父之心，實其所垂之訓，只知以愛我受益，傳之子孫，至若片羽吉光，或彰潛德，縱有是事，實無是心，百世君子，脫有得見

此兩卷者，希視為南林褚氏一家私言可也。

中華民國二十有八年己卯重陽日不肖子民誼謹識」[3]

---

[3] 本書援引褚民誼本人的論述時採用繁體標楷體（dfKai-SB），其中若夾有著者注，則仍用宋體以資區別。

第二章　慶生明遺，更名自勵

　　得先天之厚，懷胎十二個月，褚民誼於公元1884年1月17日午夜（清光緒九年、農曆癸未羊年臘月二十日子時）降生，這為他具備健壯的體魄和敏捷的才思奠定了基礎。他的祖母吳氏（1824-1907）高壽，盼孫嗣心切。民誼降誕之日恰逢祖母六十歲花甲大慶之辰，即以「適祖慶而孫生」之義，取名為「慶生」、號「頌雲」，一以志喜，一以為念。這個名字是當時褚家的世交周夢坡（慶雲）所賜。周慶雲（1864-1933）字景星，號湘舲，別號夢坡，浙江南潯人，是近代著名的實業家、收藏家和慈善家。為悼念他的辭世，林森、蔣中正、汪兆銘、吳稚暉、葉楚傖、于右任、顧孟餘、孫科、陳其采、沈尹默、褚民誼、徐乃昌、葉恭綽、張繼、居正等黨政要員，文人雅士近卅餘人，或題詞或致詩，匯集在嗣後出版的《吳興周夢坡訃告》[3.29]一書中。褚民誼以「如侄」落款題寫的〈周夢坡輓詩〉[1.31]，詳見於書後「褚民誼書法概覽」一節。周家是南潯的名門望族，周、褚兩家是鄰居，他們的後輩年齡相仿，過從甚密，特別是周夢坡的兒子健初（延祁）以及其兄周琴軒的兒子柏年（延齡）和仲鴻（延禧），與民誼志同道合，在早年活動中常見他們相隨相助的蹤影，這是後話了。

　　褚民誼七歲入私塾，在其父遵朱熹訓，以讀書必須「心到、口到、眼到」的嚴格要求下，讀畢四子書。如何百尺竿頭更進一步地實現子承父業，無疑是褚杏田這位世襲儒醫對獨子的殷切期盼。

　　清末海通以來，西方的先進醫學伴隨西方的傳教活動而傳入中國。當時的西醫醫療機構是教會的一個重要附屬慈善組織，對於貧窮落後、體弱多病、缺醫少藥的中國大眾，這無疑是一個福音。在行醫的同時進行傳教很有效，病治好了，病人也多半信教了。1883年美國南方基督教教會組織-監理會，在蘇州天賜莊創立博習醫院（現蘇州大學附屬第一醫院的前身），據稱這是除通商口岸以外，在中國內地最早的一所正式西醫醫院。長期由醫術和醫德俱佳的傳教士柏樂文（W.H. Park, 1858-1927）擔任院長，帶來了許多當時西方最新發明的醫療技術，如：消毒法、麻醉術和X-光診斷等。1897年《點石齋畫報》對該院新引進的全國首台X光診斷機曾做過圖文並茂的報導。此外，他還提倡公

共衛生，反對裹腳，主張禁吸鴉片。湖州南潯屬於他們活動範圍之內，柏樂文常來行醫傳教。由於服務態度好、醫療效果顯著，廣受好評，柏樂文也獲得了「柏好人」的美譽（有關詳情參閱《蘇州雜誌》2004年第2期陳珍棣著〈柏樂文與博習醫院〉一文）。西方先進的醫療技術，令國人大開眼界，使傳統的中醫相形見絀。這種情況，作為外科醫生的褚杏田看在眼裡，感歎「西醫妙手勝於華陀，中醫不講研究，大有江河日下之勢，可慨也矣！」為此，他讓兒子民誼自幼年起就師從南潯電報局蔡局長習英語，為進一步研學西醫打下基礎。

　　柏樂文自1888年起，在博習醫院辦起了醫學班。褚杏田認為這是很好的學習機會，對他的接班人說：「中醫至今，已成弩末，習之無益，西醫理精法到，後必恢宏，吾甚願汝從事也。」這樣，時年15歲（虛歲17）的褚民誼便秉承父願，由鄉長李聯仙介紹，於1899年入蘇州天賜莊博習醫院，師從美國名醫柏樂文，開啟了他鍥而不捨探求西方先進醫學的漫漫人生歷程。

　　1900年義和團運動興起，波及江南，蘇州的教堂和醫院均被戒嚴。時值他的繼母蔣氏患乳癰（乳腺癌），便離蘇返鄉。見中醫醫治無效，就把她接到蘇州，請柏醫生診治。但因病情已至晚期，認為即使切去右乳也無法挽救，不久繼母便於是年10月故去。嗟乎！民誼1889年幼年喪母，全仗在繼母悉心呵護下長大，母子情深，在國亂家愁的內外交迫下，終止了離家的博習之業，回南潯家中，繼續攻讀中、英文和數理化各科。

　　1901年國事稍定後，他入學李聯仙創辦的「明理學塾」。由於繼母病逝，二姐又出嫁，家中無人主持，便於是年服孝周年後，遵父命娶妻張氏（1885年生），三年後得一子，小字阿龍，不幸於1906年得天花早夭，時褚民誼已赴法，不久張氏亦積鬱而亡。

　　1903年他轉入江浙地區聞名的「潯溪公學」學習。正如在他親疏的〈家訓彙疏考〉[1.60]之彙疏引中所述，「時滿清失政，列國交侵，四海騷然，革命蜂起，民誼賦性不羈，好讀書而薄章句，喜接客而尚任俠。」那時他血氣方剛，憎惡封建鄙俗和迷信，曾與周柏年發起天足會，反對纏足；與明理學友周仲鴻、周健初深夜潛入本鄉城隍廟，搗毀泥塑無常像，並獨力推翻廟外石獅子。他深受明末清初思想家王船山、黃宗羲影響。特別是黃宗羲的代表作，被清廷列為禁書的《明夷待訪錄》，揭露了封建君主專制的罪狀，斷言「為天下之大害者，君而已矣。」疾呼「天下治亂不在一姓之興亡，而在萬民之憂樂。」令十七、八歲青少年時期的他，讀後熱血沸騰，萌發了強烈的推翻滿清

黑暗統治,實行民族革命的思想,立志效法先人,以明之遺民自許,自行將「慶生」之名,改為「明遺」。嗣後,赴法留學,由單純的民族主義者轉變為社會革命者後,他所取的名字「民誼」,就是「明遺」的轉音。[4]

---

[4] 本節中褚民誼的身世主要摘引自〈家訓彙疏考〉[1.60]。

第三章　同鄉人傑，慧眼識材

南潯鎮於宋朝淳祐年間，由南林和潯溪兩鎮，各取名字中的首字合併而成。這是一個魚米之鄉，交通方便，有運河直通上海和杭州。明清以來，由於蠶絲業的發展，成為「耕桑之富，甲於浙右」的商貿重鎮。南潯的蠶絲，質地以產自鎮南七里村為最佳，稱為「七里絲」或「輯里絲」，蜚聲海內外。特別是十九世紀上海開闢為通商口岸後，大量蠶絲由南潯通過上海出口，每年曾高達30萬包以上，佔據出口量的大半，上海的絲行也大都由南潯人開辦，造就了一個中國最大的絲商群體。他們從絲業起家後，迅速向鹽、房地產、金融等業擴展，在南潯出現了

張靜江和夫人姚蕙在遠洋輪船上[3.73]

一大批鉅商富賈，坊間按擁有家產多寡依次稱為「四象」「八牛」「七十二黃金狗」。「四象」指的是劉鏞、張頌賢、龐雲鏳、顧福昌四大家，每家擁資從五百萬到兩千萬兩以上。前面提到的周夢坡的周家位居擁資一百萬兩以上「八牛」的次位。

此外，南潯還素有尚文重教的傳統，再加上得益於門戶開放，早期接觸西方世界，從這裡走出不少投身和支持國民革命的仁人志士。最著名的要算是被孫中山譽為「丹心俠骨」「民國奇人」的張靜江。他是在經濟上支持孫中山革命最有力的功臣，孫中山去世後曾一度出任國民黨中央常務委員會主席，北伐完成後擔任浙江省省長和國民政府建設委員會委員長等職。

張靜江（Zhang Jingjiang，曾稱Tsang Jen-Tchie, 1877-1950），譜名增澄，又名人傑。他是居南潯「四象」第二位張頌賢的孫子。父親張寶善，曾用銀為他捐得江蘇侯補道的官銜。他的長兄弁群因眼疾於1900年在柏樂文醫生的建議和陪同下到美國醫治，據說還得到美國總統麥金萊（M. Mckinley）的接見。他歷時一年半的出訪，走遍美國十餘個州和歐洲七、八個國家，大大開闊了眼

界和心胸，回來後廣為宣傳，對其弟靜江有很大影響。張靜江於1896年與姚蕙結婚。岳父蘇州道員姚炳然是當時高陽清朝太子太傅李鴻藻的門生。1900年他攜女婿赴北京，在一個偶然的場合，張靜江結識了李鴻藻的兒子李煜瀛（Li Yuying，1881-1973，字石曾）。他們一見如故，都抱有到西方閱歷、挽救國家于危亡的志向，從此結為摯友。正好李家的鄰居孫寶琦（字慕韓）於1902年被任命為清廷駐法國公使。通過李石曾的關係，張靜江與李石曾一起以隨員的身份跟從孫寶琦赴法國巴黎。

李石曾到法後一心向學，入蒙達尼市（Montargis）農業學校。三年後畢業，又入巴黎的巴斯德學院（Institute Pasteur）繼續學習，完成學業。張靜江是商人世家出身，在他父親的資助下，1903年於巴黎創辦了運通公司，開創國人在西方開辦公司之先河。其總部設在上海，巴黎是分公司，以銷售古瓷、漆器、刺繡及華茶為大宗。1907年又在巴黎繁華的市中心設立開元茶店專售華茶。店內裝潢古色古香，極為精美，成為中華標誌性的一個景點，不三年而閉歇。正如褚民誼在《歐遊追憶錄》[1.24]中的記述：

「惟通運公司營業則異常發達。自開辦以至辛亥年間，獲利無算。所得贏餘，儘量以之供給宣傳主義及黨人起義之用。起義如鎮南關諸役，宣傳如新世紀之發行，以及革命青年求學之費，同志回國川資，均賴該公司資助。故所得贏餘，猶時有不足。靜江先生不惜毀家紓難，前後凡數百萬金。革命之得有今日，靜江先生之功獨多。即總理（孫中山）亦常以此為言。誠以彼時革命經費之來源，實至枯窘。除向華僑募捐外，國內有志之士，慷慨如靜江先生者有幾人哉！夫靜江先生不惜毀其私產以資助革命……其經營商業之苦心，完全為主義而犧牲。」

直至辛亥革命事成後，張靜江不再從事商業，將通運公司轉讓其介弟經營。

當時為了通運公司的經營，張靜江經常往返於大洋之間。他第一次邂逅孫中山就是在一次回國途中的船上，主動表達了他對革命在經濟上的全力支持。此外，他還吸取了英法等國「治國莫先於儲才」的經驗；返國後，即隱然以拔植真才自任，著意從家鄉發現和培植英才。前頁右上圖，是他與夫人姚蕙在海輪上的攝影。

張靜江的母親龐氏，出自南潯「四象」之一的龐家。褚民誼1903年入學的潯溪公學就是張靜江的舅舅龐青臣設立的。該校聲名遠揚，不少外省外縣的

青年來此就學，例如江蘇的葉楚傖、周乃文等。褚民誼在校學習期間，每試輒冠曹偶，而且文采出眾，洋溢革命排滿激情，被張靜江看中，多次約請他到家中暢談，縱橫國內外。這位閱歷西方意欲振興中華大展宏圖的賢人，被他面前這位年青人憂國憂民以挽救民族危亡為己任的革命志向和橫溢的才華所動，心領這是難得的可植良才，決意要送他出國深造，遂即出面與褚民誼的父親褚杏田相商。老人思想通達，對獨子早有望其突破傳統、學習先進、早日成才的意願，欣然允諾。這樣褚民誼便於1904年在張靜江的資助下開始到日本去留學。此後，張在法國逐漸站穩了腳跟，按照褚本人的意願，於1906年隨張靜江全家，同舟赴法。從此，通過長期的比肩奮鬥和革命風雨的錘煉，兩人從親密的師生發展成為無間的同志。

第二篇

留學投身革命和旅歐教育
（1904-1924）

褚民誼，1922年于法國斯特拉斯堡

第一章　先至扶桑，後渡歐陸

　　滿清統治下的中國，自1840年鴉片戰爭起，被帝國主義西方列強用堅船利炮轟開了閉關鎖國的大門，開始面向世界。近鄰日本效法西方，經明治維新，短短數十年，國力大增，躋身于世界強國之列。打造有年的清軍，在1894年甲午中日之戰中的慘敗，明顯暴露出清廷政治上腐朽落後的癥結。1900年八國聯軍入侵中華，辛丑和約的簽訂，使中國的命運岌岌可危，朝野內外一片變革圖強的呼聲，掀起了一股向西方，特別是到東鄰日本學習的熱潮。

　　褚民誼在那個時期出洋留學的歷史，在他回國後於1932年發表的《歐遊追憶錄》[1.24]和1943-1944年連續發表的〈家訓彙疏考〉[1.60]中有較詳細的記述；此外，1916年旅歐雜誌社編寫的《旅歐教育運動》一書[3.2]中對他在留法期間的活動也有諸多記載。

　　在其父的悉心安排下，褚民誼早年就在家鄉學習英語，為出洋留學打下了基礎。1903年他自明理學塾入學潯溪公學。該校聘任日人教師，教授日語。褚民誼對其拼音文字很感興趣，是當時少數幾個學習日語的學生之一。在〈家訓彙疏考〉[1.60]中他對留日過程的前後有如下記述：

　　「民誼於庚子之後，國變既定，求學之念亦殷，辛丑（光緒二十七年）（1901年）入李聯仙先生所創辦之明理學塾。癸卯（光緒二十九年）（1903年）轉入龐青臣先生所立之潯溪公學。時潯溪聲聞，士林傳美，故外省外縣青年來潯就學者，為數至眾，葉楚傖、周乃文諸君，皆常日潯溪共硯者也。奈人多意雜，故未滿一年，學潮再起，因而停辦。甲辰（光緒三十年）（1904年）來滬，是年二月，日俄戰事發生，民誼即以是冬，赴日留學，偕行者，為明理學友鄉人周仲鴻、汪汝琦二君。抵日以後，初寓東京神田區，繼遷小石川區，即開始研究日本文語。翌年（乙巳光緒三十一年）（1905年）春赴西京（京都），同入第三高等學校之預備班，國人同學於該校者，尚有周作民、章鴻釗等十餘人。予等學費，均由張靜江先生擔任。三人之中，民誼最長，大仲鴻一年，大汝琦二年，意氣投和，有如兄弟，因以氣體中之養、輕、淡（今稱氧、氫、氮）為別號，隱寓則效三國演義桃園結義故事也。當時留日學生，共達二萬餘人，遂發生取締情事，被取締返國者，為數甚多，民誼於取締規則施行前

離日。到滬後，即留居，以待靜江先生之歸自法國。旋仲鴻、汝琦同受取締規則之影響而旋里。又明年（丙午光緒三十二年）（1906年）民誼與汪君汝琦同舟赴法，周君仲鴻則以體弱之故，未能同行，後仍赴日習印刷術。」[5]

　　至今收錄在日本京都大學校史館內「明治38年（1905年）第三高等學校與各廳來往文書檔案」（三高-1-3505）中的兩封來往信函，記載了褚明遺（民誼）、汪汝琦和周延禧（仲鴻）三人1904年冬在東京學習日語後，於1905年春赴京都入學第三高等學校的情況。1905年6月15日京都派出所所長致函第三高等學校校長折田彥市，要求了解現寄住在善鄰學院內的該校學生，清國人，褚明遺、汪汝琪、周延禧三人的情況。6月19日第三等學校校長折田彥市回函稱：該三人均為浙江省湖州府人；褚22歲，汪17歲（注：實為20歲），周21歲；「均於1905年2月1日入學，印象品行端正，學習普通科至8月下旬，擬於1905年9月參加大阪高等工業學校的入學考試。」右上圖是褚民誼在日本京都第三高等學校求學時的照片，現存「臺黨史館」（稚12660），係褚氏贈吳稚暉所藏。

1905年在日本京都第三高等學校學習時期的褚明遺（民誼）（「臺黨史館」稚12660）

　　華人赴日留學始於清末，人數開始時很少，自1904年日本在日俄戰爭中取勝後，人數明顯增多。那時包括官派和自費的中國留學生，其學習方式大略可分為兩類：一類是進入為中國學生專設的政治經濟等速成班學習，學員們大都積極參與政治活動；另一類是進入正規學校系統學習，通常先入高中（日本稱為「高等學校」），卒業後再升入大學深造。褚民誼和周、汪三人在張靜江的資助下，自費赴日留學屬於後者。從前述三人關係密切以氧、氫、氮為別號，就可以看出他們當時的志趣所在。

　　日本學者嚴平，2009年在《京都大學文書館研究紀要》上發表了題為〈國立高等教育機構內留學生教育的建立和發展〉的文章[3.81]，以第三高等學校為例，總結了早期中國學生赴日留學的歷史。京都的第三高等學校歷史悠久，

---

[5] 本書引文中之標點符號按現在使用習慣略作變動，後同。

在關西帝國大學預備教育機構中佔有重要地位，1903年9月由校長折田彥市按照「外國人特別入學規程」第一次招收留學生。該文作者查閱了京都大學文書館所藏「第三高等學校關係資料」，彙編了「1903-1908年第三高等學校留學生一覽表」，包括學生姓名、出生地、費用類別、入學和卒學日期、後繼學業、特記事項以及文件編號等詳細信息。

從表上可見：1903年9月入學一人，至1907年因病退學。次年同期又入學一人，于1907年畢業后入京都帝大，至1910年7月工科畢業。1905年2月有褚明遺、汪汝琦和周延禧三人入學，同年9月又有章鴻釗等三人入學（六人均來自浙江）。1906年9月有周維新（作民）等9人入學，1907-1908年沒有招留學生。上述從1903年起至1908年，早期留學該校的共計17人。其中畢業者7人。文中還說明，1905年2月入學的褚、汪、周等三人，不是為了入京都帝大而學習「大學預科」，他們希望于同年9月入其他學校，在校學的是「普通科」。

自1905年清朝廢除科舉以後，赴日留學人數急增。以第三高等學校為例，文部省就曾要求該校接受留學生的人數，從5人擴大到60人，學校必需擴建才能滿足要求。嗣後，由於清政府對速成教育和留學生從事政治運動，向日政府提出批評和抗議。因而從1906年初開始，日方對留學生資格和人數採取限制政策，並停止派遣速成學生。褚民誼即在此項政策正式實施前回國。

按高齊賢在〈家訓彙疏考〉[1.60]中的考證，褚氏回國後，在上海等待張靜江轉往法國留學期間，浙江人在上海組織反滿秘密組織樾社。該組織設在海寧路天保里，社長是葉浩吾之胞弟葉青伊。褚民誼也參與其中，是為投身黨會之開始。

褚民誼從1906年開始赴法遊學直到1928年，其中共有三次回國四度赴歐。當時從中國到法國，只有通過水路和陸路可以到達，路途遙遠。他在《歐遊追憶錄》[1.24]中對當時的幾條主要赴歐路線歸納總結如下：

「假定吾人之出發點為上海，則赴歐之途凡三：其一，由滬至日本，經美國或加拿大而達；其二，乘西伯利亞火車，經過俄國而到達；其三，經南洋、印度洋、紅海、地中海而達。以時間言，則第二線為最短，由上海至巴黎，完全乘火車，僅須十五日之行程；第一線則須二十八日；第三線約須三十一至三十五日。旅費以航行第一線為最鉅，因為美國排斥華工，檢查頗嚴，往美者必購頭等艙位，始可免除登岸時檢驗與禁閉之煩瑣。第二線費用極省，惟多帶行李，殊不便；且途次換車，驗護照，查行李，手續亦至繁多。是以赴歐者，大

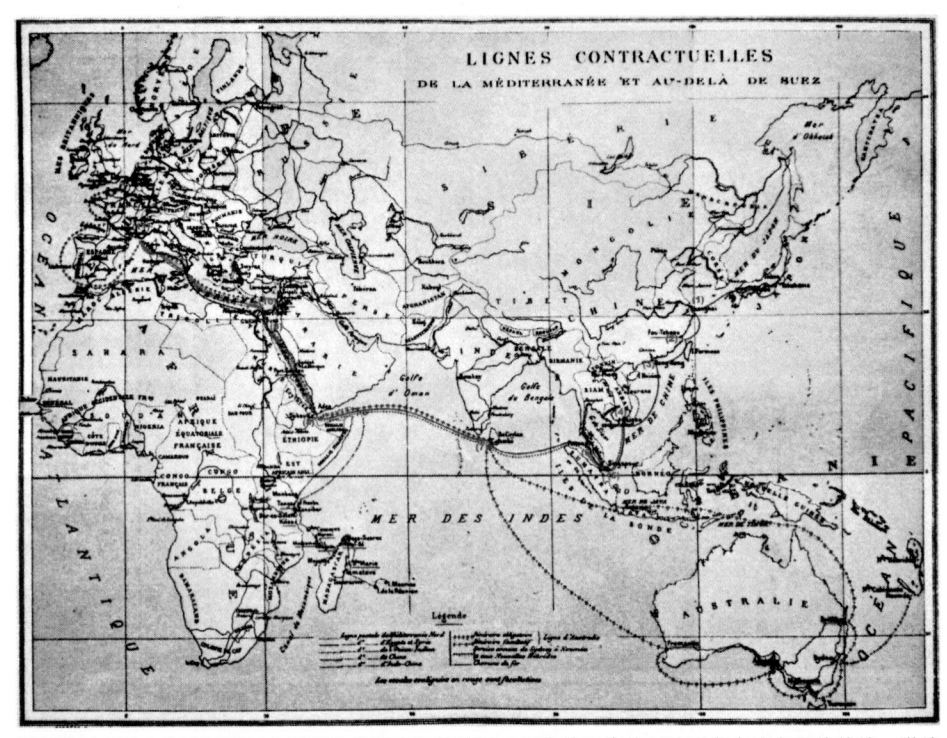

法國郵輪經地中海穿過蘇伊士運河通往遠東的航線圖。紅實線示出的是法國與中國之間的航線，沿線主要城市：（1）上海，（2）福州，（3）香港，（4）西貢，（5）新加坡，（6）檳榔嶼，（7）可倫坡，（8）吉布地，（9）蘇伊士，（10）塞得港，（11）馬賽（載於1924年法國《海運》（Messageries Maritimes），由法國里昂市立圖書館提供。）（圖上地名旁的數字係本書著者所加）

都由第三線，可免去以上兩種困難。「由南洋赴歐之船，英、法、德、美、日五國皆有之。船價彼此相差無幾，惟待遇以法國郵輪為較優。飲食起居，亦較舒適，並備有葡萄酒餉客，其他膳食亦可自由選擇。他國郵輪，對於旅客等級，分別綦嚴，不能稍越。現法國郵輪，航行遠東有巨至兩萬噸者，以視千九百零六年，余初次赴法時，所乘五六千噸之郵輪，其安危相去遠矣。猶憶余初次所乘之船，稍經風浪，輒顛簸異常。時予第一次航海，睹夫驚濤駭浪，已具戒心，重以船身不穩，傾側靡定，故疲憊殊甚。其時鍋爐燃煤，亦不清潔，二等乘客，每為煤灰所苦，現則改用黑油，不惟價值較廉，裝卸亦易。且無煤灰之害。此則今日之進步也。」

上述三條路線褚民誼都先後走過，得以親歷示人。

上圖給出的是1924年法國《海運雜誌》（Messageries Maritimes）上登載

的法國郵輪從地中海穿過蘇伊士運河通往遠東的航線。其中的紅實線示出的是法國與中國之間的航道[6]，從上海出發，經福州到達香港；然後下南洋，經停安南（今越南）首府西貢和新加坡，過馬來西亞的檳榔嶼（今檳城），出馬六甲海峽，西渡印度洋，經停錫蘭（今斯里蘭卡）首府可倫坡，到達非洲的吉布地（時索馬里首府）；再通過紅海，到達蘇伊士，由此緩緩穿過狹窄的蘇伊士運河，從出口塞德港進入地中海，由此航行直達法國的馬賽港。從馬賽港還可繼續前行繞過西班牙和葡萄牙到達英國倫敦，從此通往比利時、德國等地。作為「老馬識途」，為後續赴歐者提供參考，褚民誼在該書[1.24]中對這條路線以及經停各港埠的情況和風土人情介紹甚詳，有觀感、有經驗介紹，其中還穿插記載了他親身參與革命活動和旅歐教育運動的一些片段。

據〈家訓彙疏考〉[1.60]中記載，褚民誼於前清光緒三十二年丙午四月十二日（公元1906年5月4日）「自上海起程，乘法郵輪Armand Behic號（六千餘噸）赴法遊學，同行者有張靜江先生夫婦，及三女公子，並其四弟墨耕先生，寧波趙菊椒先生，皆在頭等艙；民誼與同鄉學友唐鏡元、汪汝琦二君，及菊椒先生之令郎志游，令侄子靜，令甥厲汝燕，並陸悅琴女士等，同在三等艙位。天空海闊，既遂乘風破浪之思；比埠登臨，允慰博見周聞之想；旅行之樂，人生難得幾回經也。是行費用，民誼、汝琦，由靜江先生供給；鏡元由墨耕先生供給；志游昆仲及汝燕，由菊椒先生供給；悅琴女士，由其尊人懷德先生供給；均為自費赴法留學者。五月十四日[7]抵馬賽，由盧琴齋君（張靜江所辦法國通運公司執事）到船迎接，當晚即留宿馬賽，次晨乘車至巴黎。」

褚民誼赴法前只諳英語，初到法國即努力學習法語，其時的學習方法頗有特點。他在《歐遊追憶錄》[1.24]中是這樣記述的：

「余第一次赴法，其目的為求學，顧對於法國語文都無預備，僅英文在國內曾經肆習，尚足應付。奈法國各大學皆直接用法文教授，故非事先補習不可。其時巴黎有倍里剌學校（Ecole Berlitz）者，乃專以解決此難題而救濟外來留學生或工商界之不諳法語者。其教授方法殊特別，無需乎書本，直接用口授，而佐以手勢，反復示意，務使學者心領神會而後已。此種教授方法，雖較為便捷，學者可以速成，但教師異常費力。此校教師不一其人，有妙齡之女郎，有高年之老嫗，有翩翩之美少，與夫斑白之叟，糾糾之壯夫，老幼男女，

---

[6] 為便於閱讀，圖中的數字系作者所加。
[7] 因該年農曆有閏四月，故為公元7月5日

不時更換。故其所發之聲音,入於吾人之耳鼓,或嚶嚶如出穀春鶯,或和柔而悅耳,或乾脆而尖銳,以及蒼老、沉濁、洪亮、雄偉之聲,不一而足。是故聞之既久,學成置身社會,任何語言,不患不能辨別,無復隔閡之虞,入大學後,自能直接聽講矣。此法至善,且不僅教授法語,兼授各國語言,以故學費頗鉅。其時每人每次約需五個法郎;倘能聯合數人,共同往學,則學費較廉。惟教法雖佳,而擔任此種教師,則殊不易。蓋不能片刻偸懶,必須作種種手勢,使學生易於明瞭,非涵養極深,而性情和婉者,不能勝任。余往此校學習六十次,進步殊速,蓋皆循序漸進,由淺而深。六十次後,即能援筆綴文。其時此種教授法,為該校所發明,故享有專利。今則巴黎此種學校,已有多處矣。」

通過這樣的方法學習法語,為他迅速融入法國社會,打下了良好的基礎。

第二章　自由之邦，建立堡壘

第一節　入同盟會，建印書局

褚民誼隨張靜江赴法前不久，中國革命「同盟會」於1905年8月在日本東京宣告成立，推舉孫中山為總理，提出了「驅除韃虜，恢復中華，創立民國，平均地權」的革命綱領和由軍政、訓政而達憲政的實施方略，並以《民報》為機關報，在其發刊詞上明確提出了「民族、民權、民生」的三民主義思想[3.57]。同盟會的成立為匯聚各派革命力量，推翻滿清黑暗統治，在國內外產生重要影響。

南洋華僑眾多，財力雄厚，是孫中山革命賴以支持的一個重要支柱。僑民來自閩粵者居多，廣東順德人士尤烈（1865-1936），活躍在港澳和東南亞一帶，1890年代創立幫會組織「中和堂」（「中和黨」的前身），與孫中山在香港時即相識，並常與楊鶴

孫中山題寫的同盟會宣言

齡、陳少白在一起，批評國事，談論革命，以革命「四大寇」著稱。1905年中和黨與孫中山領導的興中會合二為一，後改組為同盟會。孫中山來新加坡籌建革命組織以前，閩南人陳楚楠（1884-1971）和張永福、林義順等潮僑，早就開展了各種愛國革命活動，曾積極聲援1903年在上海的「蘇報案」，1904年創辦了《圖南日報》，公開宣傳革命主張，經尤烈介紹與孫中山建立了聯繫。同盟會在東京成立後不久，1906年2月孫中山即來新加坡組織成立同盟會新加坡分會（見後頁左上圖），陳楚楠任會長，從此東南亞華人社會有了革命黨的正式組織。

同盟會的政綱及其在民報上發表的革命思想，深得張靜江和褚民誼的贊同。據〈家訓彙疏考〉[1.60]中考證，1906年5月張、褚兩人「赴法舟過新加坡，訪晤當地革命黨諸名流，遂由陳楚楠和尤烈兩君之介紹，正式加入同盟

紀念1906年初（乙巳年冬）孫中山到新加坡創立南洋同盟會分會合影。1908年攝於該會會所晚晴園，孫中山位於前排正中，會長陳楚楠和尤烈分位於左右兩旁，張繼站在孫氏的左後方（《中央黨務月刊》，第56期，1933，3）

會，時國父（孫中山）在日本，未得見。「舟離新加坡後，即議到法致力宣傳之策，當即擬定發行報紙雜誌之法。惟印刷一事，至感困難。蓋法國國家印字局雖有中國鉛字，但手民（注：當時對排字工的稱呼）無一識者。排印之法，系刻號碼於每一鉛字之側，文稿成後，亦須逐字照號碼譯注之，始能排印，手續既繁，為價又貴，以之印報，尤為不宜。因更進一步，有創中國印字局之議。當時中國鉛字，日鑄為多，先生（褚民誼）即於舟中作書致柏年（當時留學日本的周柏年），托代購鉛字。舟至可倫坡，遂付郵焉，時丙午四月也；同年九月[8]，鉛字陸續寄至法。」

到法國後不久，褚民誼在《歐遊追憶錄》[1.24]中回憶道，「當余在蒙萊尼（Montlhery）學校讀書時，李石曾先生方畢業於蒙達齊（Montargis）農學校。時余以事來巴黎，石曾先生亦不期前來，是為第一次相見。時吳稚暉先生留學於英，蔡孑民先生則留學於德，彼此已互相過從，志趣既同，交誼日密，咸擬在歐洲出一刊物，以宣揚祖國之文化，而從事革命之鼓吹。惟以中國文字，在法印刷，殊非易易。「靜江、稚暉、石曾諸先生擬在歐洲發行刊物之志願，蓄之久已，卒挫於此種困難，未能實行。」自褚民誼和張靜江在新加坡加入同盟會後，即積極著手解決這個難題，除定購鉛字外，還在新加坡托陳楚楠代覓了一位中國手民。1906年11月購得的二、四、六號三種鉛字運至巴黎後，他接着寫道：「余乃與石曾先生租定房屋，創立中國印書局事務所，於巴黎城南達樂街二十五號（Yenzeki，25 Rue Dareau, Paris），印刷所於三十一號。是

---

[8]　分別對應的是公元1906年的5月和11月。

中國印書局排字房內褚民誼（右）與吳稚暉（左）親自拾字[3.59]

年底吳稚暉先生偕孫揆伯先生來法。遂開始共同組織，購買各項必需器具。於是新世紀週刊遂出世。惟排字祗有一人，濡滯特甚。余乃與稚暉先生分承其乏。時余不啻以一身兼撰述、編輯、排印、校對、發行諸職。有時吳先生一面排字，一面屬文，乃無需起稿。余則排印文字之外，兼排各項表格。雖事極煩瑣，而興趣極佳。此為華人發行刊物之第一聲。該刊內容，不獨主張民族革命；並主張社會革命。真可謂之開中國文字提倡無政府主義之新紀元，不可謂非空前之舉。」褚民誼與吳稚暉在中國印書局排字房內工作的情況見上圖。

巴黎中國印書局（亦有「中華印字局」等之稱謂）建立後，除定期出版《新世紀》週刊外，還印刷出版《世界》畫報、《近世界六十名人》畫報以及《夜未央》《鳴不平》《新世紀叢書》等諸多中文刊物，圖示于1916年《旅歐教育運動》[3.2]一書中。（見後頁上圖）

在印書局中，褚民誼擔負主要的日常工作，並以中國印書局經理的身份對外。那時的印書局不但是出版機構；而且是進行聯絡、接待來訪、從事革命活動的一個重要據點。正如他在《歐遊追憶錄》[1.24]中所述：

「其時吾等皆住于達樂街之二十五號。此街之十九號有旅店，國內同志之來法者，多下榻於此。每餐包食飯，每客一法郎，月僅六十法郎，早餐在內，其時生活費可謂低廉之至。猶憶1907年夏，張溥泉先生由日本來法，與吾等盤桓數月後，往瑞士留學。中山先生則於1909年來巴黎，寓於吾等所設之印書局內，至於數月之久。時先生勞心焦慮，計畫革命方略，每至夜分不寐，與吾等

第二章　自由之邦，建立堡壘　39

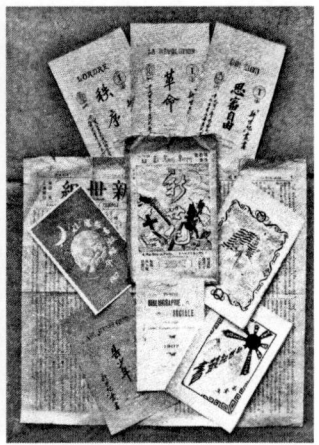

巴黎中國印書局印刷出版的各種中文報刊雜誌[3.2]

抵掌討論世界大事，則精神煥發，樂而忘倦。雖彼時國內革命屢遭挫折，惡耗傳來，而先生始終堅定，屹不為動。惟有一本其百折不撓之精神，堅毅果敢之氣概以奮鬥。惟此時吾黨經濟力實異常薄弱，故先生為籌款事，曾往倫敦一行，此為先生第三次遊歐洲。」

下圖是孫中山曾寓居的中國印書局事務所門前，李石曾、褚民誼和汪士琦的留影。褚氏手中同時拿著《新世紀》週刊和《民報》，以示兩者互為海外主要革命刊物之密切關係。

中國印書局事務所，孫中山曾在此寓居數月。門前自左至右為李石曾、褚民誼和汪士琦[1.24]

第二節　普及革命，創新世紀

1906年底中國印書局在巴黎創立，據《歐遊追憶錄》[1.24]中記述，是年：

「冬至節後，吳稚暉先生偕孫揆伯先生來自倫敦，馬君武先生來自上海。於是昕夕討論發行刊物辦法，回應東京民報之主張，稚暉先生提議出一週刊，即以法文無政府主義之機關報《新世紀》為名，並自任主筆職責；另出月刊一種，名曰《自由》，請君武先生主持，但君武急於求學，在法不久，即轉道赴德，自由月刊，遂未能與世見面。《新世紀》於翌年（1907年）出版，始為一小張，三期後改為一大張，未幾，又改裝成冊，至百十餘期後，始行擱淺。民誼以『民』或『重』或『千夜』等署名，撰文發表，為數至多，蓋生平文思最為泉湧，寫述最為勤奮之時也。」

旅歐早期褚民誼書贈吳稚暉之肖像（「臺黨史館」稚12659）

吳稚暉（Wu Zhihui，曾稱Wood Ching-Hing，1865-1953），又名敬恒，江蘇武進人，光緒十八年（1892年）中舉，1901年留學日本，1902年為爭取留學生權益，以死相抗，被逐回國而聞名。曾與蔡元培等人發起成立愛國社。1903年因在《蘇報》上犀利抨擊清朝腐政而遭通緝，為此躲避海外，輾轉遷居英國。1905年加入同盟會。他比褚民誼大近二十歲，在當時氣血方剛的革命同志面前，他儼然是一位有豐富閱歷的長者，對留法初期褚民誼的思想有重要影響，右上圖是褚民誼在那個時期的肖像，簽名贈送給吳稚暉，原件現存「臺黨史館」（稚12659）。褚民誼在〈家訓彙疏考〉[1.60]中簡述了自己的思想變化過程：

「民誼小字慶生，號頌雲，夢坡先生所錫之字也。自主張排滿革命後，即改名為明遺，受王船山先生《明夷待訪錄》之影響也。旅法以後，又深契合於彼邦社會思想無政府主義之學說。以為排滿革命，止於民族，使推翻滿清專制以後，再來一漢人專制，是不過以暴易暴而已，其革命猶不徹底；必一面提倡民族，一面提倡民權，俾滿族推翻之後，民權即可伸張，斯方足副政治革命

之名實。又徒改革政治,而不改革社會,雖名義上有民主之稱,而真正人民,實無所享受,故必從事於社會革命,然後始能實現革命之真義。稚暉先生韙其意,乃以民誼二字易明遺;以重行二字代頌雲。民誼受而用之,且自為聯句嵌以名號曰:『平等自由,民之正誼;大同博愛,重在實行』既留紀念,兼自勉也。」

這副對聯也就成為了他奮鬥終身的行動準繩,並曾由吳稚暉親筆題寫,作為座右銘懸掛在1934年他在南京建成的新屋書房內。(見文集[1.42]中之〈附錄名人生活一篇〉)既體現了中西融合的革命大義,又彰顯出「大道之行始於腳下」的實踐精神。該對聯現已失,吳老精于篆字,本書作者特請書法家仿之,置於書中文前。

新世紀週刊是一份鼓吹推翻滿清統治實行民族和社會革命的秘密刊物,她的出版發行,不但要解決經費問題(主要由張靜江提供);而且特別是要克服當時尚與法國保持外交關係的清朝政府的種種阻撓和破壞。〈家訓彙疏考〉[1.60]中記載了下述一起挫敗清廷妄圖取締該刊的事件,可見當時尖銳鬥爭之一斑,並顯示出革命者的鬥爭膽識和智慧。

1908年末,「當光緒、西后相繼薨逝之時,新世紀報以為險後庸君既亡,革命前途,推進或易,因於文字之外,輔以漫畫,盡情醜詆。當時清政府駐法公使館要求法政府勒令新世紀報中止發行。法內政部遂函召民誼及主筆吳稚暉、手民曾子湘等兩先生,到部聽訊。其來函內容,略同傳票,然未嘗不以禮遇吾人也。時吳先生在倫敦,不能來;曾先生昧法語,不肯往。遂由民誼一人,以中國印字局經理資格持來函赴內政部唔其部長。首述姓名、籍貫、年齡及來法留學二年等事,以答其履歷之問。復述與同學創辦中國印字局及發行新世紀報以提倡革命復興中國等事,以告其經過之情形。至是,彼始訊及新報在法,已否備案之事,此為案中最要關鍵也。蓋法制凡外人在彼邦經營新聞事業者,必由法籍人士,具名呈請,始能邀准,否則根本無發行資格也。民誼當答以『本報未出版前,即由法友某君,負責出名,呈準備案,並於每期出版之後,檢送二份,以備考核,至今不懈,請即查案。』於是該部長乃謂民誼曰:『中政府飭使館向本部交涉令停此報,今所執行者,亦不過中政府之要請而已。』民誼因抗議曰:『本報無扇惑罷工、鼓吹暴動、及主張暗殺、擾亂秩序等事,對於法國法律,警察章程,舉無牴忤。所有言論,無非提倡革命,喚醒中國人民,雖涉政治範圍,亦未越國際法保障之限。且吾人所事,完全則

效法國革命之志行，以求吾人之平等自由，正誼博愛；使法國無此革命，安有今日富強與光榮？君子愛人，尤貴乎成人之美，法之先哲，亦同此心，故望貴部長勿以中政府逞私為快之言，悍然停止本報也。』彼聞民誼之言，不禁首肯者再。繼謂『此報詆辱太過，常以豬狗斥人，尤其對於大行兩宮，不敬過甚，此為清政府交涉之要旨，與吾法國實無若何關係。今既得識其情，自亦不為已甚，所望以後立言謹慎。須知革命鼓吹之道，無須對人惡罵，致令受者難堪。最好換一封面，再行繼續出版也。』民誼當答容與同人商議之後，當再趨前奉答。返寓即函稚暉先生，詳述此事經過，並說明如必繼續出版，則改換封面一事必須予以實行，以為內部餘地。吳先生覆信來後，即決定改換封面，繼續發行。於是停版交涉，至此始告終止。

新世紀報的原有封面，係將皇冠、槍炮、金錢、法典、十字架等顛倒破碎，交組成圖，意在打倒一切政閥、軍閥、財閥、教閥，使萬惡政府、非法軍備、資本惡勢、宗教迷信等，均處於嚴厲被反對之地位。意義既明，圖尤潑辣，在許多報紙封面，尚罕精峭如此者。稚暉先生著論，當時恒以『四無』署名，即所謂無法、無天、無父、無君是也。」

下圖示出了新世紀週刊出版發行的變更情況。

這裡應當補充說明的是，幾乎與此事件同時，同盟會在日本出版的《民報》，由於清政府的要求，遭日本政府的干涉，而被迫停刊。經籌畫後，其

《新世紀》週刊出版發行的變更情況（左起）：以報紙形式發行的創刊號（1907, 6, 22）之首頁；第53期（1908, 6, 27）起該刊裝訂為小冊子後的封面；第81期（1909, 1, 23）起該刊修改後的封面[2.2]

第二章　自由之邦，建立堡壘　43

文章秘密轉至法國新世紀報，從1909年9月25日的第115期上合併發表（見該報114期上刊登的廣告啟示[2.2]）。

《新世紀》週刊從1907年6月22日創刊，至1910年5月21日因經費等原因停刊，共出版121期，歷時近三年。如上頁下圖所示，開始時以報紙形式發行，每期4版。一年後，發行順利，為「便於裝訂及留存，且便於廣輸內地」（改版廣告語），從第53期（1908，6，27）起，裝訂成冊，每期16面，刊登稿件的內容也相應增加五分之一左右。其封面於第81期後，曾按法方的要求作出更改。此後，經二十餘年的風風雨雨，據〈家訓彙疏考〉[1.50]中稱，該刊除在「法國圖書館尚存有兩全份，稚暉先生處存有一份，其餘則散失殆盡。」遂於1949年由上海《世界》出版協社，將吳稚暉處國內僅存的全份原版，以《重印巴黎新世紀》為書名，重印出版。[2.2]

《新世紀》以公元1900年為起始紀年，在其「發刊之趣意」中指出：「本報純以世界為主義。「本報議論，皆憑公理與良心發揮，冀為一種刻刻進化，日日更新之革命報。」其發刊詞〈新世紀之革命〉，更開宗明意，闡發其宣導革命之真義，全文援引如下：

「科學公理之發明，革命風潮之澎湃，實十九、二十世紀人類之特色也。此二者相成相因，以行社會進化自然之公理。蓋公理即革命所欲達之目的，而革命為求公理之作用。故舍公理無所謂為革命；舍革命無法以伸公理。

昔之所謂革命，一時表面之更革而已。故其益不張，而弊端仍舊，多翻更革，結果如一。請觀由湯武以至於今，其有益於公理者何在。此等革命，乃舊世紀之革命；乃一時一事之革命；乃無進步之革命；乃少數人權利之革命。若新世紀之革命則不然。凡不合於公理者皆革之，且革之不已，愈進愈歸正當。故此乃刻刻進化之革命；乃圖眾人幸福之革命。

至法蘭西千七百八十九年之革命，革除王位，宣佈人權，乃為新世紀之紀元。至千八百七十一年，乃有平民社會革命，由於社會主義鼓吹所致。雖其事未成，然於革命進化史中，留一大紀念，亦足以為將來社會革命之先導。近數年來，法蘭西等國之革命風潮日揚，抗稅罷工之事，反對陸軍，反對祖國，廢棄議院，主張共產諸主義，報不絕書。由此可見革命之進化，匪獨一國為然，各地風潮亦同時而進。即以支那而論，近數年中進步殊猛。故我新世紀出，亦能勉講刻刻進化、日日更新之革命。茲布陳新世紀與舊世紀革命之比較，以表明其革命思想之進化如下：

革命思想進化表

舊世紀	新舊過渡時代	新世紀
易朝改姓—以暴易暴	顛覆舊政府，建立新政府—此勝於彼	掃除一切政府—純正自由
大封功臣—維新三傑	黨魁院紳—甘言運動	廢官止祿—無有私利
名利雙收—升官發財	犧牲利祿，饑渴名譽—銅像峨峨	棄名絕譽—專尚公理

《新世紀》中以吳稚暉、李石曾和褚民誼三人發表的文章最多，每期共占一半以上，論文均不署真名。吳稚暉任主筆，常以「燃」「夷」「燃料」「四無」等筆名，針對來函及國內外情勢，即時撰文答覆、議論或抨擊，每期均有數篇面世。李石曾則常以「真」為筆名，在每期的第一部分，翻譯連載介紹巴庫甯、克魯泡特金等無政府主義思想家的主要論述；並在其後，以「萬國革命風潮」為題，按日期綜合報導世界各國發生的革命事件。

褚民誼除負責日常繁重的出版和發行工作外，經常針對當時的熱點問題，以「民」「重」和「千夜」等筆名，發表大量文章，盡情闡發其提倡「新世紀革命」的真義，常連載數期，甚至十數期，舉其要者有：〈金錢〉（No.3-4），〈就社會主義以正革命之義〉（No.5-6），〈伸論民族民權社會三主義之異同〉（No.6），〈普及革命〉（No.15, 17，18, 20, 23），〈問革命〉（No.20），〈千夜雜說〉（No.21, 24），〈殘殺世界〉（No.22），〈好古（好古之成見）〉（No.24, 26, 28, 30, 31），〈無政府說〉（No.31-36, 38, 40, 41, 43, 46, 47, 60），〈駁時報『論中國今日不能提倡共產主義』〉（No.72），〈土耳其鐵道之罷工〉（No.72），〈法工會之動運新法〉（No.77），〈工人〉（No.79），〈此之謂共和政府〉（No.81），〈世界唯一之無政府大日報《革命》之出現〉（No.82），〈死刑〉（No.82），〈不要讓富貴人獨有世界〉（No.83），〈兩莢荳〉（No.88），〈辮子〉（No.89, 91, 94, 95, 100），〈罷工〉（No.92），〈革命之流血〉（No.103）等等。

褚民誼在新世紀上發表的〈普及革命〉和〈無政府說〉兩篇論文，可以作為他當時激進社會革命思想的代表作。二十年後的褚民誼業已成為孫文三民主義的堅定信仰者和積極踐行者。1929年，上海革命週報社，作為革命文獻，將上述兩篇長文合編為單行本，以《普及革命》為書名，再度面世[1.8]。如後頁上圖所示，其封面由李石曾題寫；吳稚暉（敬恒）書「努力」二字于文前，以見證和紀念當時的艱辛奮鬥。該書與褚民誼在辛亥革命推翻滿清以後，國民黨

1929年出版的褚民誼著《普及革命》：李石曾題寫的封面（左）；吳敬恒的題詞「努力」（右）[1.8]

完成北伐開始進入訓政時期所發表的言論彙編－《褚民誼最近言論集》[1.10]相伴出版（詳見第三篇第三章之第二節「強國健民，振聾發聵」），袒露出他的思想適應時代潮流而演變的過程。他早年在法國倡導社會革命時期確立的，以博愛為中心，「立足於民」，努力喚醒民眾、明辨公理、掌握自己命運、不斷推動社會進步的思想，與民族、民權、民生「三大主義，皆基於民」（《民報》發刊詞語[3.57]），以及由軍政、訓政而達憲政，實現還政於民的三民主義、建國大綱的主旨是息息相通的。

「與新世紀週刊同時發行者，尚有世界畫報、六十名人增刊，以及其他關於藝術科學上之作品多種，一時銷路頗廣，惜無底本留存，已散失淨盡。」褚民誼在《歐遊追憶錄》[1.24]中記述道：「其餘小冊子則有馬福益、新世紀叢書；小說則有夜未央、鳴不平、新樂譜等。此等作品，一方固求普及科學上之知識；一方則力謀革命理論的闡明。其時海禁初開，民智未啟，大好河山，猶握於滿人掌中。而政治之腐敗日甚，社會之黑暗不堪，外侮日亟，國難方殷，人民絕對無出版言論之自由。吾人目擊橫流，心痌國事，知危亡之無日。痛心之餘，既不能躍馬橫戈，直指燕京，犁庭掃穴；復不能在國內公開地宣傳革命，惟有於海外發行刊物，振筆直書，大放厥詞，振聾發聵，以期喚醒國人之酣夢爾。於時在東京作同樣之工作者，尚有民報，為汪精衛、胡漢民等所主持。與吾等蓋聲應氣求者也。」

這一席鏗鏘之言，道出了這批留法革命先驅們，在海外從事宣傳活動的豪情旨意。

第三節　面向世界，名人榜樣

　　《世界》畫報[2.3]（見後兩頁圖），是與《新世紀》週刊[2.2]同時在巴黎出版的另一種刊物。《新世紀》是當時與《民報》相呼應的秘密革命機關；《世界》則以「世界社」為名，公開向國人傳播西方先進思想的文化社會建設刊物。1916年出版的《旅歐教育運動》[3.2]一書中，對《世界》畫報的始末梗概記述如下：

　　「民國紀元前六年（1906年），吳稚暉、李石曾、張靜江、褚民誼諸君，組織中華印字局於巴黎為刊行書報之機關。民國紀元前五年（1907年），刊行《世界》畫報，以介紹文明為目的；以裝印宏麗為普及之方術。其內容：曰『世界各殊之景物』；曰『世界真理之科學』；曰『世界最近之現象』；曰『世界紀念之歷史』；曰『世界進化之略跡』（注：此即第一冊目錄的五個標題）。第一冊中，如進化學理；第二冊中，如各國大學與微生物學說；以及增刊中之裴根、戴楷爾、牛端、……達爾文、斯賓塞等之像傳，尤與學術有密切之關係者也。擔任籌款者，為張靜江君；擔任經理刊行者，為褚民誼君；擔任撰著譯述者，為吳稚暉、李石曾、夏堅仲、莊文亞諸君；並請姚蕙女士為總編輯，南逵[9]君為鑒定者。」

　　「《世界》第一期，出一萬冊。以五色郵刺，遍寄歐美南洋日本各處華僑，以為廣告。並於內地自設『世界社』于上海四馬路望平街，總司發行（注：時由周柏年在滬負責）。戊申（1908年）春，第二期出版，內容更富，印刷更精；同時增刊《近世界六十名人》。前後雖僅二期及一增刊，然其所及者遠矣。至其停版之原因，略述於下：

　　（一）《世界》所有諸插圖，皆用極精美之銅版，其價甚昂，雜色墨水，價值尤貴。編輯撰述及經理諸君，雖純任義務；然蒐集材料，所費不貲。合紙料印刷裝訂運送等費，每期一萬冊，約計須二萬法郎。每冊成本，約二法郎。取價五法郎，約中國銀二元。代理者取七折，僅得三法郎五十生丁。前後共出

---

[9] 法國醫學博士，巴黎大學教授。

封面 　　　　　　　　　封底 　　　　　　　　　扉頁

目次 　　　　　　　　　達爾文及他的進化論 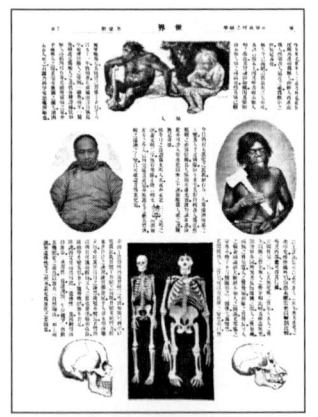　　達爾文進化論之介紹片段

埃及古跡獅身人面像 　　路易十六之慘劇

《世界》畫報第一期掠影[2.3]

扉頁　　　　　　　　　目次　　　　　　　　　世界教育之進步

細菌學創始人巴斯德　　巴斯德首創細菌學之介紹片段

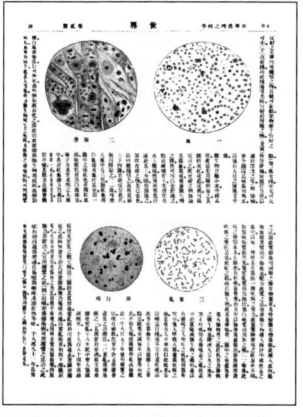

《世界》畫報第二期掠影[2.3]

三萬冊，用本約六萬法郎。而報價不以時應付，往往困於周轉，此困難之第一原因也。

（二）在上海之世界社，為內地各處發行總機關。然其時內地專制之惡魔，方肆其毒。《世界》內容，多革命之精神。各處之代理者，既難其人；購閱者，亦時有戒心，以至銷路不暢。且為傳播真理計，時或送閱，時或貶價發行。由此種種，致上海世界社大受虧折，前後耗本二萬餘法郎，此困難之第二原因也。

以此二原因，故《世界》第三期雖在編輯中，不能續刊，此為《世界》始末之梗慨。

第二章　自由之邦，建立堡壘　49

同時中華印字局刊行《新世紀》週報。其內容多社會與政治問題，別詳《旅歐民黨報告》茲不贅述。」

《世界》是一份大八開（A3）版的攝影畫報，其第一（弌）期和第二（弍）期，分別於1907和1908年出版。為了廣開民智，出版者不惜工本，採用當時最先進的銅版彩色印刷技術，力圖把一個精彩紛呈、蓬勃發展的大千世界，展現在國人眼前。該刊出版至今已逾百年，作者有幸一睹原件真貌，感歎其依舊風采。這裡摘登若干版面（見前兩頁圖），以飽讀者。

如圖所示，畫報的封面以醒目的世界地圖為標識，引用的是法國地理學家邵可侶（E.Reclu）提出的世界文明產生圖。其上，用紫、紅、綠、黃和白色，依次表示，從七千年前的同一起源（小亞細亞）開始直到近代，人類文明向全球各地的傳播過程。畫報的封底則是法國天文學家拉普拉斯（P. Laplace）手撫地球的凝思圖。圖下配以說明：「日周諸行星，若五曜及地球之類，皆從太陽裂出，即拉氏所發明。則世界所自來，自拉氏出，而後吾人愈知造物之說之謬妄也。」封面封底皆以《世界》為主題，一個說明的是世界文明發展的淵源；一個說明的是地球世界的真實來歷，其深遠含義顯而易見。多年後，褚民誼四度訪歐回國，為《旅行雜誌》長篇連載發表了他的回憶錄〈西歐漫遊錄〉。與此同時，他還應邀為該雜誌的留學特刊[2.10]（Vol.3, No.8, 1929, 8）撰寫了〈歐洲讀書一得〉的論文，文中起始詳解留學旨趣時，便使用和再現了上述這張人類文明產生圖，詮釋了人類文明本同源、東西文化交融是必然的道理。

《世界》畫報的內容十分豐富，涉及人文、社會、地理歷史、科技發展等各個方面；不僅著眼於摧毀舊世界，更注重的是建設一個新世界。著力於普及新的學術思想，是該刊的一個顯著特點。在第一期和第二期中，分別以較多的篇幅，圖文並茂、深入淺出地介紹了達爾文的進化論和巴斯德創立的細菌學。這些學術思想，對於科學的世界觀和人生觀的建立，以及造福人類健康，均有重要意義。國民黨完成北伐戰爭，進入建設時期，1928年褚民誼赴歐考察衛生回國，正式接任上海中法國立工業專門學校校長伊始，對學生進行每週一次的系列講演時，就是從進化論這個主題開始的；在此期間，為了根本改善當時中國的衛生狀況，他曾積極倡議，力促在中國建立以巴斯德命名的細菌學院（詳見1929年出版的《褚民誼最近言論集》[1.10]），這是後話了。

在前述〈歐洲讀書一得〉文中，他以要學到真本領，中國人在學術上也要有

所創新，來諄諄教導留學後生。並用下述這段肺腑之言，作為結尾，予以勉勵：

「曩吾留法時，曾聞法人評論其國之偉人，初推拿破崙，結果卒推巴斯德。蓋拿破崙及其他窮兵黷武之成吉斯汗、亞歷山大等，不過武功彪炳一時耳。若夫謀人類萬世之幸福，則巴斯德發明細菌學，減少人類之痛苦與死亡，乃真造福於人群。其人格之偉大，決非黷武窮兵之英雄，可與比倫。審是，則知學術之重要，駕於政治軍事而上之。「余留歐十餘載，以言心得，愧無可述。惟耳聞目睹，覺吾國學術人才之缺乏，實為國家前途之隱患。「吾留學界之同志乎，倘不河漢余言，則請發奮努力，務於世界學術界中，爭得一席地位，以一洗中華無人之羞也！」這裡他所提出的以「謀人類萬世之幸福」作為評判歷史人物的最高標準，同時也道出了他畢生孜孜以求的奮鬥目標和動力所在。

《近世界六十名人》[3.1]（見後頁圖），作為《世界》畫報的增刊，於1908年問世，正是要在人們面前樹立效法的榜樣。在該書的廣告和前言中稱，所載「六十人，雖不能言可括近數百年歐美名人之全，然大略我東方人心目中以為可儀式、可驚詫之人物已鮮有遺漏。即或略有所遺，非因畫像珍罕，一時未能覓得；即或因其學問功業品性，皆於已列六十人中者，較量之，恰為第二流，則代表有人，「顧本社正於以上二端，正續有所計畫。如因畫像珍罕而遺者，有如歌白尼、科侖波之類，略有數人，俟畫像覓得，再取第二流人物，與已刻之第一流人物，略可伯仲者，共取若干人；或更采及歐美以外之人，合成整數，以為續編。畫像之珍罕者，不問古今人，往往遍求於倫敦、巴黎、柏林等之大市；曠不可得，如六十人中之斯密亞丹、孔德、龍蒲東諸人之類，本社皆輾轉托人，用重價倩寫真家，向學會掛壁畫像，及名流家中裝置廳事者所攝得，故願得之者珍之。

「每名人皆印徑尺之大畫像，用古銅色名墨精印，套以湖綾色錦紋邊，但印一面，以備裝潢。如此之大畫像精印品，不但東方稀有，即陳列西市，亦徵特色，故西人購者亦夥。」「若問價目，可為廉至最無可廉，僅僅每一大幅畫像，取洋四分，通通只合大洋弍元肆角而已。「以視此六十名人大寫真畫像冊，既組織完全，又堂皇精美；而且每人畫像之下，皆附刻極精賅之小傳，真不可易得之尤物。「本社已布五萬冊於各書市，……速速往購。」

書中六十位名人，按出生日期循序刊登。其中文譯名與百年後的習慣，不少已有很大差異。本節附錄中示出的該書目次，採用的是近年常用的中譯名，其後相應附以原書之外文名。

封面（達爾文，英國，1809-1882） 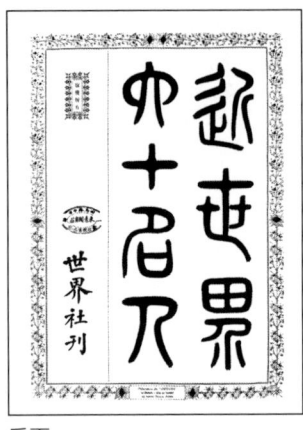　扉頁 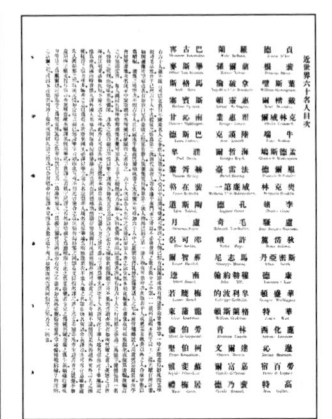　目次

貞德（法國，1412-1431） 　華盛頓（美國，1732-1799） 　馬克思（德國，1818-1883）

克魯泡特金（俄國，1842-1921） 　居里夫人（波蘭，1867-1934）

《近世界六十名人》畫報掠影[3.1]

這六十位近世界名人，在時間跨度上，由出生於1412年的法國民族英雄聖女貞德起，直到出生於1867年的波蘭科學家居里夫人止，前後近五個世紀。其中，既有建功立業、威名顯赫的政治家、軍事家，又有拋頭顱、灑熱血的革命志士；既有造福人類健康的名醫，又有無私奉獻愛心的護士；既有偉大的思想家、哲學家、社會科學家和大文豪，又有傑出的涉及數、理、化、天、地、生等各領域的自然科學家和發明家。

值得指出的是，這裡除了無政府主義的思想家巴庫寧和克魯泡特金外，共產主義的創始人馬克思也赫然在列。褚民誼在《新世紀》[2.2]上，就曾發表過〈駁「論中國今日不能提倡共產主義」〉的文章，贊同實行「各盡所能，各取所需」的原則。1907年出版的《新世紀叢書》第一集中的第六冊，就以「無政府共產主義」為題，把無政府主義和共產主義，都作為當時的新思想向國人推介。[3.2]

《附錄》《近世界六十名人》畫報目次[3.1]

貞德（Jeanne D'Are），培根（Francis Bacon），莎士比亞（William Shakespeare），笛卡爾（Rene Descartes），克倫威爾（Olivier Cromwell），牛頓（Isaac Newton），孟德斯鳩（Charles de Montesquieu），伏爾泰（Francis de Voltaire），富蘭克林（Benjamin Franklin），林奈（Charles Linne），盧梭（Jean Jacques Rousseau），狄德羅（Denis Diderot），亞當·斯密（Adam Smith），康德（Emmanuel Kant），華盛頓（George Washington），瓦特（James Watt），拉瓦錫（Antoine Lavoisier），邊沁（Jeremy Bentham），拉普拉斯（Pierre de Laplace），歌德（Jean Goethe），羅蘭夫人（Marie Rolland），納爾遜（Horace Nelson），拿破崙（Napoleon 1er de Bonaparte），威靈頓（Arthur Wellington），古維葉（Georges Cuvier），拉馬克（Jean Lamark），黑格爾（Georges Hegel），法拉第（Michel Faraday），威廉一世（Welhelm 1er de Hohenzollern），孔德（Auguste Comte），毛奇（Helmuth Von Moltke），雨果（Victor Hugo），馬志尼（Guiseppe Mazzini），穆勒（John Mill），加利波第（Guiseppe Garibaldi），格萊斯頓（William Gladstone），林肯（Abraham Lincoln），達爾文（Charles Darwin），加富爾（Camillo di Cavour），伯納德（Claude Bernard），巴庫寧（Alexandre Bakounine），俾斯麥（Othon Von Bissmark），馬克思（Karl Marx），斯賓塞（Herbert Spencer），南丁格爾（Florence Nightingale），巴斯

德（Louis Pasteur），白洛嘉（Paul Broca），赫胥黎（Thomas Huxley），貝特洛（Pierre Berthelot），托爾斯泰（Leon Tolstoi），羅月（Clemence Royer），邵可侶（Elisee Reclu），海克爾（Ernest Haeckel），納蓋（Alfred Naquet）[10]，蜜雪兒（Louise Michel），隆布羅梭（Cesar Lombroso），拉帕朗（Albert de Lapparent），克魯泡特金（Pierre Kropotkine），蘇菲婭（Sophie Perovskaia），居里夫人（Marie Curie）。

第四節　「風箏」「豆腐」，飛渡海西

　　張靜江商人世家出身，到巴黎後即相繼成功地開辦了「通運公司」和「開元茶店」，為革命捐輸款項，做出重要貢獻。褚民誼和李石曾在從事前述出版工作的同時，為了籌措經費和生計，也先後創辦了「風箏公司」和「豆腐公司」。此舉的志趣，褚民誼在《歐遊追憶錄》[1.24]中，是這樣記述的：

　　「李石曾先生有巴黎豆腐公司之創辦；余則有巴黎風箏公司之設立。夫吾人奚必儕於市井之列，而為是瑣瑣，與商賈爭短長，博繩頭之微利，讀者得勿以此見識。則未能已於言者，蓋革命事業，在秘密進行時代，其困難實百倍於公開的活動之時。而最大之困難，尤莫過於經費之支絀，無經費將一事不能進行。此吾人所以一方從事革命，同時復為商業之經營，實緣其時革命經費，異常支絀。其經營商業之結果，稍得盈餘，以資挹注。且吾人其時羈旅海外，目擊橫流，心痛國事，彷徨之餘，假此聊資排遣，計亦良得。而余性樂天，不慣寂寞，因組織風箏公司以自娛。風箏雖遊戲小道，顧亦屬藝術之一種。余等運用美術思想，翻陳出新，故出品頗受外人歡迎。」

　　「風箏公司」系一小型手工作坊，開辦經費無多，在張靜江和李石曾的贊助下，由褚民誼獨立經營，有關情況在致其父的家書中時有秉報。他在「家訓彙疏考」[1.60]中，對家父1907年9月3日來函的注疏中記述道：

　　1907年在法國「組織風箏公司，所有風箏式樣，均由石曾先生自天津帶來，計有蜈蚣、蝴蝶、蟬、蟹、蜻蜓、雙燕、單鷹等若干種。始則販售，藉以試銷。翌年自造，期遂展布。不過時間工料，所費均多，一箏之成，沾利無幾，非若者，誠一可為之業也。所制風箏，曾於1909年在巴黎大宮飛機賽會

---

[10] 聘任為本畫報的鑒定者，時稱南遠博士。

場，舉行公開展覽；同年更赴比京參加比利時王家飛機賽事，均獲非常之榮譽。時老比王列奧保二世（利奧波德二世，Leopold II）猶在，王太子亞爾培曾代表來會參觀，對於中國風箏製造之精，工技之巧，備承贊許。按風箏初名紙鳶，紙則其制，鳶乃象形。或曰始於墨子翟，或曰始於韓淮陰。其用，則通軍報也。獨異志載：『梁武帝時候，景圍台城，簡文作紙鳶，飛空告急於外。』唐書田悅傳曰：『張伾以紙為風鳶，高百餘丈，過悅營上。』此皆用於軍事。見載籍者，詢芻錄記『五代李鄴，於宮中作紙鳶，引線乘風為戲。後於鳶首，以竹為笛，使風入竹，聲如箏鳴，故名風箏。』是則已成遊戲，且增音響，然猶管制也。至若張弓系弦，任風吹奏，使副箏名，時當尤後；繫燈飛彩，當更後也。續博物志曰：『引絲而上，令小兒張口仰視，可以泄內熱。』雖云有益衛生，要亦止於兒戲。不意數千年後，飛機代興，名雖主於交通，功實豪於軍旅。故當時法比兩京展覽賽會之結果，不僅使吾國玩具，海外揚聲；且紙鷂本為古軍需，今竟伍於新利器，正功實效，千載無虛，不過乘風而上。古人雖已造其端，獨不能擴大厥功，使禦風行者，載物同遠，必留此同功一理之效，付之今日白人，至可惜也。因念開明進化，本賴兼資，百物在我，類皆開創有人，繼美莫見，遂令歐豪美俊，屢邁前休。火藥印刷，燒瓷制紙，犖犖大者，枉不如斯，固不僅兩翼敵風，扶搖直上者，有此感也。雖然，古製今工，比類同伍，脫言厥理，吾實權輿，先進之名，負之無愧。解此意義，方知兩京賽會之真價值也。」

接著，他在對父親1909年7月26日來函的注疏中進一部補充道：

「該公司組織之初，承靜江、石曾兩先生合資贊助，遂得成立。始則販售，後乃雇匠自製。但竹與棉紙，本國產者，購致殊難，遂以藤及西洋棉紙代之，因而製作時，不能稱手，耗時費料，自在意中。西人對於此種手藝，本不甚工，再加仿製爭利，不乏其人，故沾利至微，難期發達。初雖不乏購者，一年半後，遂至無法支持，明年1910，即宣告結束，不復作乘風之想矣。總計收支，虧損達兩千佛郎以上。惟自己得借此機會，研弄風箏，並觸類旁通，以紙或綢製成各式之燈罩[11]；返國以後，得提倡放風箏運動者，皆於此際立其基。雖有虧折，尚不能謂為全無酬報也。

---

[11] 1924年在斯特拉斯堡舉行的首次「中國美術展覽會」上懸掛的燈籠，就是他親手所制。

褚民誼（右1）在巴黎郊外放飛自製具有專利權的改進型蝴蝶風箏[1.24]

　　如前所述，褚民誼創辦的風箏公司，經歷了從販售國內成品到在當地製作的過程。他結合法國的國情，對風箏的形式、材料和製造工藝進行了創新，並申請獲得了「法國工業產權局」授予的名為「改良型風箏」的專利[1.1]（見後頁上圖）。該專利屬第20類「巴黎體育用品」第1類「遊戲、玩具、劇院、比賽」類別，專利號N° 403.860。註明專利持有人為居住在法國塞納河畔的褚民誼，於1909年6月申請，10月5日送達，11月16日發佈。

　　傳統的風箏係以紙張覆蓋在框架上構成，其上常附有耳朵和長尾巴，缺點是尺寸大，笨重，交通運輸殊感不便。曾嘗試使之柔軟能彎曲，但有損堅固性，且結構複雜。本專利的特點在於發明了一種具有新穎結構、可拆卸的風箏。其形態類似輕盈飛翔的昆蟲蝴蝶，但不限於此。如後頁專利說明書右下第四頁所附的結構和組裝圖所示，它由身體和翅膀兩部分組合而成，操作和運輸均很靈便。翅膀框架選用竹、鋁或軟木等輕質材料，其上覆以耐力的紙張或絲綢作為翼面，一邊與支架粘接，並飾以圖案。通過巧妙的設計，翅膀可以很方便地插入並牢固地連接在身體上。風箏的體幹呈突起狀，其製作方式有框架式和模壓式兩種，分別見專利第四頁結構圖的左上和左下。後者採用賽璐珞、硬紙板、鋁、或其他輕質材料，通過模製或沖壓製成，其與身體的連接方式也與前者有所不同。風箏組裝後的形態分別示於專利第四頁結構圖的右上方和右下方。組合後的風箏，具有寬展飄逸的兩翼，軀幹部分向上突起，顯著地促進了飛行，即使在不利的空氣條件下也能輕易滑翔。

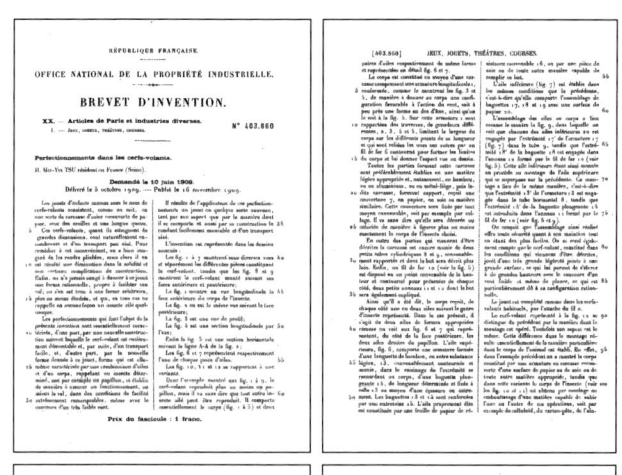

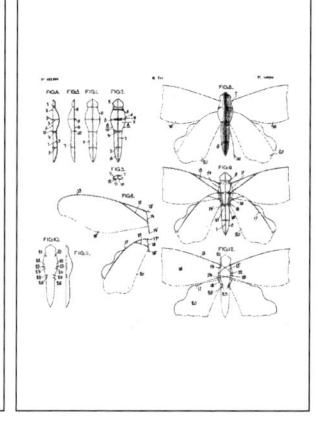

法國國家工業產權局1909年11月16日發佈的褚民誼「改良型風箏」專利[1.1]

  褚民誼的發明獲得法國國家工業產權局的專利，體現出他注重實踐和善於創新的精神，也是他開辦風箏公司增加閱歷的一個重要收穫。專利制度是保護和促進社會不斷創新發展的重要手段。當時的舊中國，社會發展嚴重滯後，全然不知專利為何物的情況下，褚民誼經歷短短的二、三年，就已深入法國社會，掌握並拿起了這一行之有效的武器，以保障自身的發展，成為華人在先進的國度裏，擁有自屬專利的一位先行者。

  1909年9月25日至10月17日「首屆巴黎國際航空運動博覽會」（現發展為「巴黎國際航空航天展覽會」），即前述「巴黎大宮飛機賽會」，在巴黎大皇宮舉行。褚民誼以其製作的新型風箏與會。後頁右上圖是該博覽會的宣傳海報。後頁下圖是當年展會會場的照片。

第二章 自由之邦，建立堡壘 57

展會主辦方航空運動工業協會編輯的「首屆國際航空運動博覽會官方報告」由巴黎航空圖書館於1910年出版（Rapport officiel sur la première exposition internationale de locomotion aérienne，Organisee par L'association des industriels de la locomotion aérienne, au Grand-Palais (Octobre1909) Librairie Aéronautique, Editeurs, 32, Rue Madame, Paris）（法文）。內中分類詳細列出了各參展商的展覽內容。褚民誼的展品分別列入第2組第8類「降落傘和風箏」以及第10組第30類「特種製品」欄目中，標明如下：褚氏公司（Si et Tsu），位於巴黎達樂街25號[12]；項目1-可拆卸可折疊風箏，2-空竹音樂，專利產品S.G.D.G。

1909年首屆巴黎國際航空運動博覽會宣傳海報（賽會報告）

此外，褚民誼還參加了1909年在比利時首都布魯塞爾舉辦的皇家航空賽會。會場設在紀念比利時獨立五十周年廣場（見後頁上圖）。這是他首次踏上比利時的土地，意氣風發地在此廣場上放飛表演自製風箏，受到了皇家以及與會觀眾的熱烈歡迎。

法國巴黎大皇宮，1909年首屆巴黎國際航空運動博覽會會場（賽會報告）

---

[12] 即中國印書局事務所所在地。

比京布魯塞爾紀念比利時獨立五十周年廣場。1909年在此舉行皇家航空賽會（2009年）

　　風箏有如中國的「四大發明」那樣，可謂是人類飛行器的肇祖，然而卻停步不前，至今竟與先進的飛機「同場競技」。當「中國製造的風箏」在法、比兩國航空賽會上展現中華古老文明的風采，博得陣陣掌聲的同時；褚民誼在對比較量中深受變革圖強的鞭策，在〈家訓彙疏考〉[1.60]中，抒發當年之情懷，系以小詩一首，感嘆道：「風吹別調響高空，戛戛飛機震耳同；可惜有成無繼進，至今唯物說歐工。」

　　風箏公司由於上述種種原因停歇後，褚民誼曾有「招十萬之股本，開辦中國餐館於巴黎」的計劃，但未能實現，便全力專注於李石曾籌辦的豆腐公司。豆腐是中國傳統的特色產品，要在法國開辦公司，進行生產和銷售並非易事，其中經歷的艱難曲折可想而知。褚民誼在〈家訓彙疏考〉[1.60]中述說道：

　　「巴黎豆腐公司創始於1909年，股本三十萬元，民誼即於是年，參加工作。「猶記有一時期，經濟困難，風箏公司已經結束；豆腐公司雖開工作，猶在試驗期中，故無出品。石曾先生返國，增招新股，民誼與李夫人及其子女等在法青黃不接，所有度日之資，全依制賣風箏及燈罩，以供挹注。事後李夫人不時提起，以為吾輩留法時饒有興味之回憶，固不僅作趣史觀也。至今思之，當時情形，歷歷在目，惟欲重蒞其境，則終身不復能得矣。」

　　關於豆腐公司的開辦情況，褚民誼在《歐遊追憶錄》[1.24]中有如下記述：

　　「至石曾先生創辦豆腐公司之動機，亦有得而言者。「先生（指李石曾）自蒙達齊農學校卒業後，對於大豆出品，研究不遺餘力。曾本其心得，著有大豆一書，貢之於世。謂豆類中含四合質（即蛋白質）最富，不惟可以代替肉類；且較食肉經濟，而又有其利，無其害。吾國大豆出口綦多，歐洲則無

第二章　自由之邦，建立堡壘

法國巴黎郊外中國豆腐公司工廠外景
（[2.5]No.12, 1917, 2, 1）

之，故極願將此種東方特殊之食品，介紹與西方人士。且鑒於靜江先生辦理通運公司，著有成效，足為革命經費之助。故不惜分其一部分之餘晷，為是經營，於1908年回國招股。1909年攜華工十余人來法（後又帶來了十餘人），設事務所於巴黎，設廠於巴黎近郊之哥倫布（加爾那·哥倫比村，La Garenne-Colombes），購置機械，從事設備。於是中國大豆出品乃在巴黎銷售。而法人至此獲嘗大豆出品之風味。惟該公司名為豆腐公司，實則不僅豆腐一種。其出品如：豆油、豆腐、豆餅、豆菜、豆漿、醬油等，種類至為繁夥。其初頗受法人之歡迎。法國學者，極力贊許。謂以一種植物，能制如許出品，可謂大豆萬能。

「制豆腐之法，在國中必用石磨，磨之成漿。顧歐洲何來中國之石磨，無已，惟有以鐵磨代之。而大豆在未磨之先，必須浸於水中十數小時，滲水磨之，始能成漿。乃鐵磨經水之後，輒易生銹，試驗結果，殊不甚佳。於是石曾先生乃別出心裁，不用石膏鹽鹵之舊法，用酸性作用之化學方法制之。初法人以豆腐為新鮮食品，為好奇心之衝動，購買者頗不乏人。奈終無食豆腐之習慣，購者逐漸減少，該公司營業漸至不振。所有豆腐，僅華人賜顧。銷售於法人者，全屬豆腐以外之出品，如大豆餅乾、大豆糖漿等。然此類出品，法人亦能自製，則又未能與之競爭。於是虧損不貲，不得不出於停辦之一途。」

上圖為該豆腐工廠的外景。豆腐公司雖然最終停業，但是它為嗣後在法國開展勤工儉學，做出了開創性的嘗試。事情是這樣的，李石曾回國招股時，邀齊竺山出任經理主持業務。李、齊兩家是世交，均出自河北高陽。李父李鴻藻官至清朝太子太傅，六十方得符曾和石曾二子，於1894年聘請當時以兼通中西

豆腐公司工友業餘學習化學，李石曾親自授課[1,24]

學術知名的齊禊亭（令辰），在李家書齋為其二子授課，直至1900年。齊老思想開明，贊成維新變法，對李石曾的思想影響甚大。

齊家乃書香門第，有三子，竺山、如山和壽山。齊如山的外孫女賀寶善所著《思齊閣紀事》[3.73]中，有〈李石曾與高陽齊家〉一文，專述李、齊兩家的深厚交誼。其中關於豆腐公司，有這樣的回憶，石老「在巴黎創豆腐公司（Usine-Caseo-Sojaine），回國募股，南開大學創辦人嚴范孫是股東之一，請齊竺山為經理，覓廠址及購置機器。我外公齊如山負責前後兩次，帶三十余工人去巴黎工作。曾聽外公說過，這批年輕工人是由高陽鄉下招來，一路上要教他們規矩，以免有礙觀瞻。「這批工人到了巴黎，石老規定他們工餘要讀書認字，學中文及法文，兼及普通常識，不許吸煙，在食堂內不許談話等好習慣，這是『勤工儉學』的初步試驗。」上圖引自《歐遊追憶錄》[1.24]，再現當年李石曾親自在業餘時間向工友教授化學課時的情景。

作為勤工儉學的發端，現存於巴黎「戈蒙帕提」（GAUMONT PATHE）資料館內，1911年1月的新聞記錄影片中，重現了豆腐公司創辦時期的兩段錄像。其一是李石曾與褚民誼和股東嚴范孫在豆腐公司內親切交談；另一是他們三人帶領從國內招來的工人步出車間時的情景。後頁上二圖分別為兩者的「截屏」。

齊竺山和齊如山到法國參與和主持豆腐公司的業務後，與褚民誼一起協力開展工作。1909年11月至12月在巴黎大皇宮舉行「萬國食品博覽會」，後頁左下圖是會場內豆腐公司（CASEO SOJAINE）設立的展位，展台及其背後展示了種類繁多的大豆製品。在其背景的中部和左側還可看到有開元茶店（THE

KAIYUN）以及風箏公司的製品同時展出。這幾個公司相互支持和配合，關係十分密切。圖中人物，居中為齊竺山和齊如山兄弟，右側是褚民誼。

接着，1910年4月至11月在比利時首都布魯塞爾舉行國際博覽會，褚民誼在《歐遊追憶錄（第二集）》[1.26]中回憶，「李石曾先生創辦之豆腐公司，推余為代表，攜帶各種大豆出品赴比與賽，此行留比六月之久，直至賽會竣事。」除豆腐公司外，在巴黎的通運公司和風箏公司亦偕同赴會參展，均獲好評，下節將對此作詳細介紹。

比國博覽會結束後不久，1911年初，豆腐公司又躋身在法國巴黎舉辦的農業展覽會（Au Concours Agricole à Paris 1911）中。右下圖是在展會上製成的明信片，在精心佈置的豆腐公司展台前，右為褚民誼，左為李石曾。褚氏於是年3月特將該明信片寄給當時旅居英國倫敦的吳稚暉，以茲留念。（「臺黨史館」稚12665）

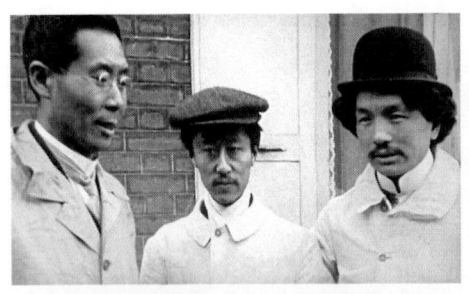

李石曾（中）與褚民誼（右）和股東嚴范孫（左）三人在豆腐公司內親切交談錄像之截屏

李（右1）、褚（右3）、嚴（右2）三人帶領從國內招來的工人步出車間時錄像之截屏

1909年11月至12月巴黎大皇宮「萬國食品博覽會」豆腐公司展臺前。褚民誼（右側）與齊竺山和齊如山在展會上[3.2]

1911年3月褚民誼寄吳稚暉的明信片。褚民誼（右）和李石曾（左）等人站立在年初法國巴黎農業展覽會豆腐公司的展臺前（「臺黨史館」稚12665）

如前所述，褚民誼遊學歐洲，在致力於學習西方先進科學和思想的同時，不忘祖國的優良傳統，並努力將其向西方推介。踢毽子和放風箏一樣，也是一項中國傳統的娛樂健身活動，因其簡單易行、活潑有趣，在民間廣為流傳，褚民誼自幼在家鄉即喜愛並善於此道。為了向法國推介這項具有中國特色的健身運動，如後頁下圖所示，褚民誼（TCH'OU MIN-YI）與法國拉鹿阿（Louis LALOY）教授合作，用法文撰寫了題為〈中國毽子〉（LE VOLANT CHINOIS）的論文[1,2]，發表於1910年10月在巴黎出版的法文〈中法友好協會簡報〉第二卷第四期上。該簡報（1907年7月一卷一期至1922年七卷四期）現存法國巴黎「法國高等教育技術中心」（Centre Technique du Livre de l'Enseignement supérieur, FRAHP）。

　　這篇論文以27頁（p.319-335）的篇幅，對中國毽子的來歷、製作、踢法及集體活動的組織，進行了全面介紹，圖文並茂，並插以中文，其漢字由巴黎中國印字局提供。《帝京景物略》是記述我國明代京都景象的一部經典著作。「楊柳兒青放空鐘，楊柳兒萎踢毽子」，著者開篇引用該書中的這兩句話，來說明踢毽子和放空鐘（空竹）是在遙遠中國那裏的兩個最受人們喜愛的傳統遊戲。並以《康熙字典》上對毽子的定義「拋足之戲具」，來說明它是用腳來踢的一種遊戲器具；而中文「毽」字則是以「建」為音，以部首「毛」為形所組成，以此向歐人簡明地介紹這項盛行於是中國的毽子遊戲。

　　「毽子的基本構造是由一束輕的物質和一個小而重起穩定作用的物體組成，業餘愛好者通常不在市場上購買，大都自己製作，費用低廉。」文中接著具體介紹了用金屬墊圈或硬幣為重物，以紙、布包裹或插上羽毛等三種簡便的製作方法。

　　毽子的踢法多種多樣，文中以圖解的方式，系統地介紹了38種踢法，其中文名稱依次為：腳（左腳，右腳）、邊、雙腳（游）、蟹腳、鼕（音tao）、雙邊（渡船）、腳尖、腳背、直腿腳背、定尖、定腳、定鼕、膝、階梯、雙躍（雙跳）、雙飛、邊跳、兩邊雙跳、後跳、單跳、雙單跳、交、雙交、提交、雙提交、直腿提交、雙直腿提交、曲腿提交、雙曲腿提交、內跨、雙內跨、外跨、雙外跨、全跨、間接轉腕、定腳間接轉腕、直接轉腕和定尖直接轉腕。後頁的左下和右下圖分別示出了p.321上對「腳（左腳，右腳）」和「邊」兩種踢法，以及p.333上對最後一種「定尖直接轉腕」踢法的圖解。

　　在個人踢毽子的基礎上，文中進一步詳細介紹了「打圈子」「比多少」

「賭輸贏」「奪狀元」四種集體踢毽子的組織方法，以增加活動的趣味性和普遍性。

　　文章結尾時寫道，「踢毽子不僅是一項兒童遊戲，也是一項成人運動。他的優點，除簡單易行和費用低廉外，還可使全身運動起來，這方面簡直可與歐洲的擊劍運動相比擬。它的動作很優雅，既可由體格健壯的年輕人來做表演，也可作為歐洲人從事科學研究閒暇時的活動。」

　　最後值得提出的是，嗣後褚民誼回國效力，為了大力提倡和推廣我國固有的平民踢毽子運動，1933年撰寫出版的《毽子運動》[1.27]一書，就是在本文的基礎上編寫而成的（詳見第三篇第八章之第五節「毽子風箏，與民同享」）。

簡報封面

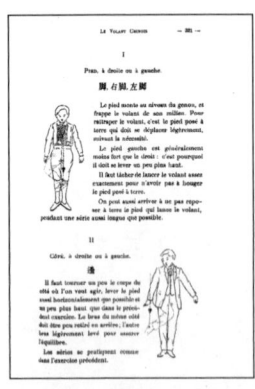

論文首頁

介紹毽子踢法之「腳」（上）和「邊」（下）

介紹毽子踢法之「定尖直接轉腕」

1910年10月《中法友好協會簡報》（Vol.2, No.4）褚民誼與法國拉鹿阿教授合作撰寫的〈中國毽子〉的法文論文[1.2]

第五節　比國博覽，嶄露頭角

比利時為慶祝獨立五十週年，於1910年在首都布魯塞爾舉辦國際博覽會，如右圖所示，法文全稱Exposition Universelle et Internationle de Bruxelles 1910。時值滿清末年，當時曾將「國際博覽會」稱為「萬國賽會」。近年來，由中國第一歷史檔案館編輯，于2007年出版了《清宮萬國博覽會檔案》[3.80]。書中彙集了清廷有關該展會的來往函件和批文，計86件，記載甚詳。

比國邀請中國參會始於光緒34年4月初7（公元1908年5月6日），比利時駐華公使柯霓維發出致當時總理外務的慶親王奕劻的邀請照會；並接着於同月27日呈上了該賽會的章程和賽物章程等詳細資料（見右圖）。清廷經多方商議，以「此事於邦交商務均有關係」，決定參加。為此，籌撥款項一萬兩，在比國免費提供的場地上建造木屋，作為中國展館；同時指派駐比大臣楊樞為總監督，比使書記官王慕陶和通譯官劉錫昌為賽會委員。

1910年比利時布魯塞爾國際博覽會章程[3.80]

博覽會於公元1910年4月23日開幕至11月7日閉幕。中國館由於準備倉促，遲至6月21日才揭幕。展品部份來自國內，部份由在歐洲的華商提供。據呈報，參展的單位計有上海商會、巴黎豆腐公司、巴黎通運公司、溫州通運公司、廣東寶興公司和寧波公司等。展品評獎活動是賽會的一個重要內容。由參展各國按要求推派評獎委員，對展品進行評議，確定獎牌等級。據當時清廷欽差出使比國大臣楊樞向外務部的呈文中稱，按會章「每五十家貨物准派評獎一員。我國遠隔數萬里赴會，商貨廖廖無幾，若照章委派，必不足以資競爭而占優勝。因與比國工部大臣再四磋商，請其格外通融。業經允派正副評獎二十員，然非諳熟法文、熟悉商情者又不足以膺其選。本大臣現已諮調法館參贊唐在複、林桐實、通譯官李世中三員，又意館參贊余祐蕃、通譯生徐同熙二員來比，其餘選派遊學生或派華商或派比人，取足二十員之數。」該文後面相應附上了中方正副評獎員及其銜名和所認門類清單（見後頁右下圖）。

當時在法國和比利時的革命志士，以合法身份從事秘密活動，如前所述，以開辦各類公司為陣地，努力籌措活動經費。他們利用國際博覽會這個平台，在向世界展示中華文明的同時，大力宣傳和推銷自己的商品，藉以壯大實力。褚民誼以華商豆腐公司常駐代表的身份，積極參與其中，被指派為豆腐類的正評獎員。從上述清單中可見，時在法國的齊宗祐（竺山）和在比利時留學的高魯分別擔任風箏類的正評獎員和絲織類副評獎員。

　　評獎結束，駐比使館書記官王慕陶在致外務部信函中詳陳了評獎結果。中國館總計獲獎65項，依評獎級別的高低，依次獲得超等獎14項，榮譽獎8項、頭等金獎15項、銀獎18項、銅獎2項和存憑獎5項。此外還獲得公贈獎3項，該獎專贈商人評獎員和對展會有功的人員，文中稱「其在外國頗以為榮」。其中，「巴黎中國豆腐公司・豆腐及新發明物品」「巴黎中國豆腐公司・豆餅及豆粉」和「巴黎中國豆腐公司・甜醬及豆制點心」三項分獲超等獎，「風箏公司・各色風箏及玩具」獲頭等金獎，「巴黎中國豆腐公司・化學物品」獲銀獎。「得公贈獎憑者共三張：中國會場營造師，褚民誼君（巴黎中國豆腐公司代表人）和張堯賡君（居留比國多年之中國商人）。」

　　當年《東方雜誌》[2.1]Vol.7, No.8（1910，8）上刊登了一篇來自比京東方通訊社記者的文章〈比京賽會記〉[13]，對中國的參展情況，包括中國館的結構、佈置、展品以及開幕典禮介紹甚詳。其中關於豆腐公司和風箏公司製品的展出情況，有如下記述：

　　中國會場中間「為上海商會出品，左為巴黎豆腐公司出品，右首為溫州商人黃松軒出品。此外複有比京商人張堯賡及廣東商人某君出品，共計五家，就中實以上海商會為正宗，局面稍大。其尤足令人注意者，則豆腐公司是也。即以陳列法而論，亦以豆

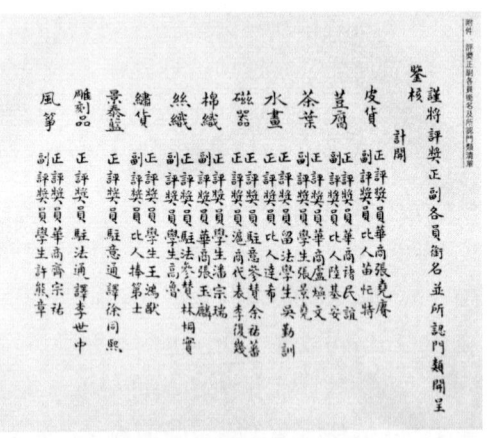

清廷確認的1910年布魯塞爾國際博覽會中方評獎員清單。其中褚民誼作為豆腐類的正評獎員[3.80]

---

[13] 此文被轉引在2010年上海商務印書館出版，由陳占彪編著的《清末民初萬國博覽會親歷記》一書中。

腐公司為最佳。「巴黎豆腐公司，陳列黃豆製品三十餘種，百奇千異，為歐人所未見，複多印圖說，各報喧播。各國人爭往研究，視為全會場中第一新穎之問題。加以其代表人褚君佈置得法，更增聲色。此次賽會後，該公司必得絕大之銷場，從此之一日售必數十具，亦是中國會場之特色也。」該文在談到會場佈置時稱「屋頂周圍裱糊華美，並以綢緞結彩。其間尤足注意者，則滿掛華麗之蛺蝶，即風箏是也，最足引人興趣者也。」

該博覽會的官方機構，由Em. Rssel編輯，發表了《1910年布魯塞爾覽會報告書》（參見網站：http://users.telenet.be/expo1910/ expofirst.html?htm/companies.html），分門別類詳述各國展館的情況。其中還刊登了中國館的彩色照片，示於後右上圖。

褚民誼在《歐遊追憶錄（第二集）》[1.26]中，給出了右下圖中的三幀照片，再現了當年中國館的實況。後頁下圖是褚民誼（左5）與中國館工作同仁在館內合影製作而成的明信片。他於會後1911年1月13日寄給時在英國倫敦的革命同志吳稚暉，現保存在「臺黨史館」內（「臺黨史館」稚12643）。

通過這次活動，褚民誼積累了組織參加國際博覽會的有益經驗。二

1910年比利時布魯塞爾國際博覽會中國館外景。示於展會官方發佈的報告書中

中國館工作同人在館門前的合影。褚民誼位於前排右側，其後為劉錫昌 [1.26]

中國館內景[1.26]

中國館內豆腐公司的展台及其代表褚民誼[1.26]

十年後的1930年，褚民誼以中華民國政府總代表的身份，率團再度赴比利時參加比國獨立百週紀念國際博覽會。昔日曾任清比使通譯官和國際博覽會委員的劉錫昌，此時經褚民誼提名，作為副手也一起參與，詳情見後述第三篇第四章之第三節「精心組織，博覽爭光」。

褚民誼（左5）在1910年比利時國際博覽會中國館內與工作同仁合影的明信片（「臺黨史館」稚12643）

第三章　革命輔成，勤工儉學

第一節　辛亥革命，回國贊襄

　　1911年10月10日武昌起義槍響，爆發了全國性的辛亥革命，滿清統治迅速土崩瓦解，海內外革命志士歡欣鼓舞，群起回應。據《歐遊追憶錄》[1.24]中記載，遠在法國一直密切注視國內革命動向的褚民誼，立即中止了在巴黎的一切事務，「偕張溥泉同志等回國」，竭盡綿薄之力，力促早日建立共和。張溥泉（Zhang Puquan, 1882-1947），名繼．河北滄縣人。早年留學日本。曾任《蘇報》通議，1905年在日本參加同盟會，是《民報》主編人之一。1907年夏赴歐，路經巴黎時，曾寓居中國印字局數月後去瑞士留學。辛亥革命後，任同盟會交際部主任、國民黨參議。1913年當選為第一屆國會參議院院長。

　　1912年元旦，中華民國成立，孫中山就職臨時大總統，並在南京組成臨時政府，褚民誼赴南京積極支援。當時，新政權剛剛成立，解決經費困境，迫在眉睫。張人傑（靜江）與褚民誼等人發起捐助活動。1912年3月10日出版的《南京臨時政府公報》第26號上，登載了「大總統諮參議院請議決商人張人傑褚民誼等願輸集款項十萬兩以充軍餉文」和所做出的令示「大總統令財政部核議商人張人傑褚民誼等輸集款項並協商交通內務兩部妥擬辦法由」（見右圖中本書著者標示的框內）。該「令示」全文如下：

　　「據交通部轉呈：『商人張人傑、褚民誼等呈稱，目擊時艱，情殷輸助，願輸集款項十萬兩，報效政府。當經財政部核議，據稱尚屬可行』等情前來。合行令仰該部按照該商原稟，所列各條詳加研求，其中有無磋商之處，亦由該部協商交通部內務部籌度情形，迅與該商等妥擬辦

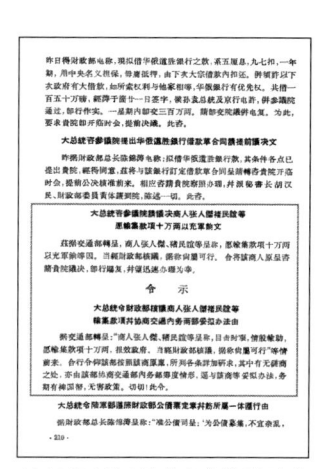

1912年3月1日「南京臨時政府公報」第26號上刊登的有關張人傑、褚民誼等向政府輸集款項十萬兩的公文（見著者所示的框內）

法，務期有裨國帑，無害政策。切切！此令。」

褚民誼當時並不熱衷於在政府中謀職；但卻注重發揮政黨推動社會革命的作用。武昌起義後，同盟會本部由東京遷至上海，南京臨時政府成立後，再遷往南京。為了實行政黨政治，3月3日同盟會本部在南京召開大會，宣佈公開活動，並正式改組為政黨，推舉孫中山為總理，黃興、黎元洪為協理，又舉汪精衛和張繼分任總務部主任和交際部主任，在各地大量擴張會員，積極開展活動。在上海曾設有同盟會中部總部，負責推動長江流域一帶的革命運動。武昌起義爆發後，上海總部負責人之一陳其美即率兵起義，迅速光復上海，陳被推為滬軍政府都督，並繼而連克杭州和南京，對辛亥革命做出重要貢獻，孫中山對上海地區同盟會的活動十分重視。褚民誼在其〈自述〉[1.61]中回憶，1912年3月，總理孫中山派他同黃郛和姚勇忱，在上海大馬路成立中國同盟會本部駐滬機關部。5月經選舉，公推褚民誼擔任總務長。（《申報》1912，5，7）黃郛和姚勇忱均曾在陳其美麾下，參加過光復上海等戰役。前者時任滬軍都督府參謀長兼滬軍第二師師長，蔣介石任該師第二團團長。嗣後不久，為了適應形勢，出於進一步擴大勢力和影響的需要，同盟會於1912年8月改組為國民黨。

回國後的褚民誼奔走于寧滬間，在積極活動中與國內革命同志廣泛接觸。其中比較重要的是，1911年底，他在上海，由黃興（克強）介紹，與剛從獄中出來的汪精衛相識（見對褚氏之〈江蘇高等法院檢查官偵查筆錄〉[3.66]）。

汪精衛（Wang Jingwei，曾稱Wang Ching-Wei, 1883-1944），又名兆銘，字季新，廣東番禺人，祖籍浙江紹興。1904年考得官費留學日本，同船赴日的有朱執信、胡漢民等五十余人。到日後，在東京法政大學速成科肄業。1905年加入同盟會，任評議部部長和同盟會機關報《民報》主要撰稿人，多次隨孫中山到南洋各地發展組織。同盟會成立後，從1906年起到1910年初，曾舉行過多次起義，但屢遭挫折，損失慘重，致使黨內出現分歧，人心渙散，革命進入低潮，使他產生了謀殺滿清高官以振奮人心的念頭。當時參加這一秘密行動的，還有方君瑛（時任同盟會暗殺組組長）、曾醒、陳璧君、黎仲實、黃複生、喻紀雲等共七人。1910年3月刺殺攝政王載灃未遂，汪與黃兩人被捕入獄。當時清廷懼於激起革命黨人的義憤，不敢將他們處死。汪在獄中視死如歸，撰文賦詩以明志，其中一首詩句：「慷慨歌燕市，從容作楚囚；引刀成一快，不負少年頭」（見汪兆銘著《雙照樓詩詞槁》[3.86]），慷慨激昂，廣為傳頌。他（她）們的壯舉激勵了革命黨人，1911年4月27日（舊曆3月29日）由黃興帶領

發動了著名的廣州黃花崗起義,除獄中的汪、黃外,暗殺組的其餘五人全部參加。接着便爆發了10月10日的南昌起義。汪精衛於11月16日被釋放出來,即在天津設立同盟會京津分會,任會長,積極活動。年底,黃興召他南下,與各方代表共商組織政府大事。也正是在這個期間,經黃興引見褚、汪相識。

說實在的,當年在日本出版的《民報》和在法國出版的《新世紀》,作為同盟會早期在海外遙相呼應的兩個革命刊物,其主要撰稿人早就渴望相見。當年汪精衛等人刺殺清攝政王被捕入獄的消息傳到法國,引起極大反響。在《歐遊追憶錄》[1.24]中就有這樣的記述,1910年5月《新世紀》停刊,「最末一期,紀載汪精衛先生往北京刺殺攝政王之壯舉。不幸元兇未殪,而精衛先生已身系囹圄。消息傳至海外,同人無不悲憤。當時以為汪先生必難生還,本刊末期之紀載文字,尤為悲壯,乃於其上范以黑邊,以示哀悼。而稚暉先生,更發為文章,舒其哀思,……。」彼時吳、褚與汪尚未晤面,卻「因主義而認識,為道義所感召,其精誠已如此。」此番回國,得以謀面,真可謂相見恨晚。嗣後不久,汪精衛赴法,他們又成為同學。

就在1912年褚民誼執掌同盟會上海總機關事務期間,吳稚暉、李石曾、張靜江、蔡元培、汪精衛等人也經常在滬上活動。在《吳稚暉先生全集》[3.59]中,就有關於4月25日上海同盟會議事的記載。當時「革命黨得了志,他們的面目全變了。始終保持着本來面目,沒有染着一些官僚習氣的,只有寥寥幾個人,尤其是孫中山先生。」(吳稚暉對其表侄陳育語)為了拒絕舊習氣,保持革命者的氣節,吳稚暉與上述諸同志,在上海發起「進德會」,褚民誼積極參與其中。為了接受公眾的監督,1912年4月22日在上海《民立報》上公佈了參加進德會首次會員名單如下:(見《吳稚暉先生全集》[3.59])

八不(不賭博、不狎妓、不置妾、不官吏、不議員、不吸煙、不吃酒、不食肉)會員:李石曾、廉惠卿、吳稚暉;

六不(不賭博、不狎妓、不置妾、不官吏、不議員、不吸煙)會員:周頌西(廷訓)、周佩箴、汪精衛、沈桐生(電華)、薛竹蓀(智善)、周冠九(國良)、何秦(劉生)、褚民誼;

四不(不賭博、不狎妓、不置妾、不官吏)會員:張靜江、張溥泉、陳育、丁寶書、戴天仇(季陶)、袁廷梁、孟昭常、陸煒士、史敬(子寬);

三不(不賭博、不狎妓、不置妾)會員:陶昌善、龐書城、鐘養齋(守頤)、鈕惕生、顧忠深、陶聲、魏宸組、黃中慧、蔡元培。

進德會是革命黨人取得勝利後，帶頭拒腐倡廉的一個自律性的組織。其中雖有三不、四不、六不、八不之區別，但「不賭博、不狎妓、不置妾」是他們的共同道德底線，其它的節律則可以變通。以持「革命不圖當官」理念者佔大多數，進而成為素食主義者則為數較少。他們公開盟約結社，以求在同志之間和社會大眾的監督下，永葆革命本色。

　　這種自願的鬆散組織作用有多大，從下面的一些事例中可以窺見其一斑。十年後李石曾在北京創辦從小學、中學到大學的中法教育體系，不久又爭取得到法國庚子賠款的資助，搞得紅紅火火。據說當時的北京政府曾力邀他出任教育部長，身在上海的吳稚暉聞訊後當即致函，以共同的盟約勸阻，增強了正在猶豫之中李石曾的決心，堅決拒絕出山，不在北洋政府中任職。二十年後9.18事變日寇入侵，蔣汪聯合組府，為了共赴國難，褚民誼應邀出任行政院秘書長，因有進德會「不官吏」的承諾，在上海商張靜江、吳稚暉、李石曾等人同意後，才義不容辭地一同赴京接命。〈褚民誼自述〉[1.61] 這是後話了。

第二節　提倡儉學，重返歐洲

　　中華民國成立後不久，袁世凱借助革命勢力，逼迫宣統皇帝溥儀於1912年2月12日退位，宣告滿清統治被徹底推翻。第二天，孫中山即按事先與袁世凱的約定，提出辭職，並推舉袁為大總統，試圖通過國會和制憲對袁世凱的權力實行制衡，自己則躬身而退，致力於實業和鐵道交通建設。

　　以原來留法「世界社」為代表的一批革命黨人，正如他們在《新世紀》發刊詞「新世紀之革命」中所宣稱的那樣，他們打江山的目的不是為了自己坐江山；他們推行革命的目的全然是為了推動整個社會進步。他們當時認為，現在滿清既倒，障礙已清，為了實現中國的富強、自由和平等，必須加強教育，向西方先進學習是一條必由之路。為了讓國人有更多的留學機會，從民國元年開始，發起了一場意義深遠的勤工儉學運動；而其肇始，就是以這批人為主幹，於1912年發起的留法儉學會。早年發表的《旅歐教育運動》（1916）[3.2]和《近代中國留學史》（1926）[3.5]，對此均有較系統的介紹和總結。

　　「勤工儉學在民國八九年間始盛為國人注意，但其起源則在民國元年。與勤工儉學最有關係的組織有三；即留法儉學會，勤工儉學會與華法教育會。此三機關又以留法儉學會為根本之根本，茲先述之。」在《近代中國留學史》的

「第八章勤工儉學與留法」中，是這樣開頭的。

在《旅歐教育運動》[3.2]的「留學之組織」一章中，追溯該運動的起源時記述道，「吳稚暉君于民國紀元前九年，由滬赴英，與同學一二人，實行苦學之生活。民國紀元前五年來巴黎，組織印刷事業，與李石曾、褚民誼二君同居宿，試驗節儉之生活，減于普通之生活一倍；每月房租十五法郎，飯費六十法郎。且三君所鼓吹者為平民主義；所接近者，為勞動社會，此皆留法儉學會之張本。是年，蔡子民君與自費同學數人留學于柏林，亦實行儉學。「民國紀元前三年，李石曾、齊竺山等諸君組織豆腐工廠，製造大豆各種食品；並設為以工兼學之意。廠中工人，皆來自中國，由五人漸增至三十人，自費亦有同來者，同宿同食，略如之校中共同生活之組織，每人每月飯費，四十餘法郎已足，此儉學會所由根據，而定其費用。工作之餘，從事習課，於中、法文及普通科，皆所講習，亦旅法華工教育之起點也。

民國元年，吳稚暉、汪精衛、李石曾、張溥泉、張靜江、褚民誼、齊竺山諸君，發起『留法儉學會』，並設預備學校于北京，吳山、齊竺山、齊如山諸君擔任組織，法人鐸爾孟擔任教授。其時蔡子民為教育總長，假以校舍（在方家胡同，為舊日之師範學校，時已停辦）。無何，朱芾煌、吳玉章、沈與白、黃複生、趙鐵橋、劉天佑諸君，發起四川儉學會，設預備學校於少城濟川公學，辦法與北京者略同。」

書中刊登了留法儉學會的簡章，其前言表達出發起該學會的緣由如下：

「改良社會，首重教育，欲輸文明於國內，必以留學泰西為要圖。惟西國學費，宿稱耗大，其事至難普及。曾經同志籌思，擬興苦學之風，廣闢留歐學界。今共和初立，欲造成新社會新國民，更非留學莫濟，而由以民氣民智先進之國為宜。茲由同志組織『留法儉學會』，以興尚儉樂學之風，而助其事之實行也。

又如女學之進化，家庭之改良，與社會關係尤切，而尤非留學莫濟。故同時組織『女子儉學會』與『居家儉學會』。」

「儉學會成立以後」，《近代中國留學史》[3.5]中謂，「因李石曾、吳稚暉等之竭力提倡，自民國元年至二年之間入會入校而赴法者不下八十餘人。其他抱儉學宗旨或留學或家居自由匯集者亦四十餘人。」

褚民誼不但參與留法儉學會的發起，而且是一位積極的踐行者。他在〈家訓彙疏考〉[1.60]中自述道，1912年民國成立後，認為「國事既已大定，求學

之念復生，乃於是年九月，隨同靜江先生乘西伯利亞火車重行赴法。」不久，「汪精衛先生亦來法，相見甚歡，當由精衛函致稽勳局，證述一切，因得每月四百法郎之官費，至是始為正式國家派遣之留學生，即赴比利時入比京布魯塞爾之自由大學，專心攻讀。」

比利時位於歐洲西部，西北濱臨北海，北與東北均與荷蘭壤地相接，東鄰德意志及盧森堡，東南及南部則與法蘭西為鄰。比國有兩種語言文字，西南與東南之人民用法蘭西文；西方與北方用弗拉瑪文（一種荷與德參合之文字）。政府公文則兩種並用。比國交通四通八達，從巴黎到比京布魯塞爾只需四個小時，該市居民語言概用法語，其建設巍峨壯麗，「以故置身此境，若猶在法國也。」褚民誼在《歐遊追憶錄（第二集）》[1.26]中這樣回憶道，比國國土雖小，但工農業均很發達，建國「僅有百年，而能儕於德法兩大強國之間，卓然有以自立。「以言生活，法比兩國相較，則法國程度較高。猶憶余旅歐時，當時每公斤麵包，在法需三十五生丁者，在比二十八生丁即得。而法幣之價值尤較為貴。試以國幣為例，今日國幣一元，值法幣五法郎零五生丁；值比幣則為七法郎十五生丁。」學費與生活費低廉，是吸引眾多中國留學生到比利時留學的一個重要原因。

比利時當時有大學五所，自由大學設在布魯塞爾，成立已有兩個世紀。著名地理學家邵可侶曾在此擔任教授，1894年發表人地學一書，思想新穎，轟動一時。褚民誼1913年來此入學，為進一步學習醫科做準備。但由於翌年歐戰起，終止了學業，僅在該校「肄業一年，雖為期甚短，而所識師友至夥。」這為他以後，組織中國留學生來比留學，以及開展中比文化交流活動，打下了良好的基礎。

當時褚民誼常用的外文名字是褚重行，在比利時布魯塞爾自由大學學生註冊登記簿第33期中，記有浙江人褚重行於1913-1914年度在該校學習醫科自然科學預科的登錄。1915年比利時政府科學和藝術部向他開具了「1913-1914年度在布魯塞爾自由大學學習課程的證明信」，列出了他在此期間在該校的學習課程，包括：補充必要的數學及自然科學知識；物理實驗與練習；普通化學與實際操作；礦物學的基本知識以及地質和地球物理的基本知識等。經比國內務部長確認的該信複製件，現保存在斯特拉斯堡大學。

這次赴法開展儉學活動，由於大力宣傳和認真籌措而聲勢大增，特別是匯入了汪精衛等一千人。汪精衛是當時同盟會革命黨人中頗具威望的人物，孫

中山辭臨時大總統,他得到孫先生同意,辭去一切職務,到法國留學。與其同行的還有陳璧君、曾醒和方君瑛。陳璧君(Cheng Bijun,曾稱Chan Pik-Kwan, 1890-1959),字冰如。其父陳耕全(1844-1921),名瑞欣,廣東新會人,學徒出身,早年到馬來西亞開發礦業,發家致富,定居檳榔嶼(即檳市)。從廣東前來一起創業的妻子衛月朗,在此生下陳璧君和她的三位哥哥。1908年孫中山帶領汪精衛和胡漢民到馬來西亞宣傳革命,發展組織。時年17歲的陳璧君,常來聽講,認識了汪精衛,後來更和母親衛月朗一起加入了同盟會。同年,陳璧君攜款離家到日本,陳母衛月朗對女兒給予無限的支持。當時同盟會資金缺乏,璧君盡力資助,很受歡迎。孫先生指派她在東京黨部工作,並且囑咐年齡較長的曾醒和方君瑛加以照顧。[3.86]

曾醒(Zeng Xing,曾稱Tsen Sing, 1882-1954)和方君瑛(Fang Junying,曾稱Fan Tchun-Ying, 1884-1923)是姑嫂倆。曾醒嫁到方家,三年後其夫方聲濂即去世,與孤兒方賢俶相依為命。聲濂的妹妹君瑛,1903年赴日留學,其弟聲濤、聲洞也在日本軍校學習。1907年曾醒攜子東渡,方家姐弟和姑嫂在日本會合,先後加入了同盟會,君瑛還任暗殺組組長。方君瑛、曾醒二人一同參加謀殺清攝政王計畫小組,與汪精衛、陳璧君結成生死之交。方聲洞在黃花崗起義時壯烈犧牲。汪精衛被捕入獄後,陳璧君冒死在北京悉心照料。滿清推翻,汪精衛出獄,便公開了他們倆之間的關係。1912年春,革命同志雲集廣州紀念黃花崗起義一周年之際,他們補行正式婚禮,由胡漢民主婚,何香凝作女儐相。[3.86]

1912年底汪、陳、曾、方結伴赴法儉學抵法後之合影。自左至右,後排為:方君瑛、曾醒、汪精衛和陳璧君;前排為:方君璧、方賢俶、陳昌祖和曾仲鳴

1916年前後，褚民誼（後排右）與汪、陳、曾、方諸人在法國聚會時的合影。除小孩外，前排左起為方君瑛和曾醒，二排左起為曾仲鳴、方君璧和汪精衛

　　是年秋，汪精衛夫婦與曾醒、方君瑛一同赴南洋檳榔嶼省親後，前往法國求學。當時暗殺小組中的黎仲實也來南洋送別，與支持他（她）們革命行動的陳母衛月朗相聚。然後，他（她）們以四個人的官費留學經費，由陳璧君攜幼弟陳昌祖（8歲），曾醒攜子方賢俶（11歲）和弟曾仲鳴（16歲），方君瑛攜十一妹方君璧（14歲），如前頁下圖圖所示，一行八人，於十一月，登船赴法國遊學。張靜江、李石曾和褚民誼親至馬賽港迎接，並由李石曾安排住在蒙達爾城。[3.61; 3.86]

　　在這些孩子們中，曾仲鳴（Zeng Zhongming，曾稱Tsen Tson-Ming, 1896-1939）和方君璧（Fang Junbi，曾稱Fan Tchun-Pi, 1898-1986）早已相識，是青梅竹馬。到法後，仲鳴學文，入里昂大學。璧君學美術，入巴黎國家高等美術學院，時與徐悲鴻同學，是開創中西畫法交融的著名中國畫家之一。1922年兩人在法國結為伉儷，吳稚暉和褚民誼是證婚人。

　　上述汪、陳、曾、方等人抵法後，實行居家簡學，他（她）們在國內或馬來西亞的親人們，曾先後來法，或留學或作訪問，與在法的褚民誼，過從甚密，上圖是褚民誼與他（她）們聚會時的合影。

第三節　一戰爆發，回國倒袁

　　正當褚民誼在比利時專心攻讀之際，國內局勢發生劇變。1913年2月國會選舉，國民黨獲議會多數。將要出任內閣總理的國民黨代理理事長宋教仁，於

3月21日遭袁世凱手下暗殺。孫中山即從日本回國，力主武力討伐袁世凱。在法國的汪精衛也偕蔡元培6月回到上海試圖調解。江西省都督李烈鈞等人，因反對袁世凱向五國大借款擴充軍力而被免職。7月中旬，李烈鈞在孫中山指示下，回到江西召集舊部，成立討袁軍總司令部，他任總司令，宣佈江西獨立通電討袁；黃興也抵達南京，宣佈江蘇獨立，從而爆發了「二次革命」。但是這次舉事連遭挫折，終於9月失敗。孫中山亡命日本，黃興出走美國，汪精衛等人逃到新加坡。袁世凱下令解散國民黨，大肆通緝革命黨人。國民黨主要人員分別躲避到日本和南洋等地。李烈鈞於1914年1月離開日本，赴歐洲考察各國政情。汪精衛則于1914年夏重返法國。1914年7月孫中山正式將國民黨重組為秘密的「中華革命黨」，以圖推倒袁世凱政府。

與此同時，歐洲各國列強互相爭奪，局勢日趨緊張。1914年7月底奧匈帝國與塞爾維亞之間燃起戰火，接着德俄開戰，8月初德軍對比利時不宣而戰，並迅速佔領全境，德法兩國展開激戰，英國也宣佈對德開戰，從而進一步爆發為一場，涉及歐、亞、非大陸的「第一次世界大戰」。此時，正在法國度假的褚民誼，無法返回比利時布魯塞爾自由大學繼續學業，遂決定回國參加倒袁活動。

「民國三年甲寅，即西元一九一四年，歐戰開始一個月後」褚民誼在〈家訓彙疏考〉[1.60]中回憶道：「民誼乃偕李協和（烈鈞）先生等返國，先至南洋，留住於檳榔嶼星加坡等處，並主蘇門答臘黨報筆政。未幾，赴上海，偕靜江先生走日本，居熱海；旋赴東京訪中山先生，並遇胡展堂（漢民）、居覺生（正）、戴季陶（傳賢）、廖仲凱（仲凱）、蔣介石（中正）諸同志。」

回想當時乘法國郵輪回國時，德國與英、法戰事正酣，路經地中海和印度洋時，險象環生，旅途坎坷。褚民誼在《歐游追遊錄》[1.24]中敘述道：「適因其時德國有兵艦愛咪登者正在攻擊特拉斯，炮火方烈，船多不敢前進。余等所乘法國郵船停泊哥倫布（可倫坡），殆將數日。卡爾克脫（時為印度京城，今加爾各答）同志聞之，因遣兩代表前來迓余等登陸。余等亦以船既不能前進，不如舍而就岸，改由印度、緬甸遵陸而行。」「余等因反對袁世凱之帝制自為，集合黨中之優秀，群聚於南洋一帶，共圖救國之策。中山先生則居留日本，組織中華革命黨。當時頗有少數同志以不願捺手印而不入黨者。猶憶時為十月[14]。余偕李烈鈞同志至檳榔嶼，諸同志不期而至者，有柏文蔚、熊克武、

---

[14] 原文誤為四月。

許崇智、黃郛、鄧仲元、方聲濤、彭萬程、何子良、李懷霜諸君。林虎、陳炯明亦在焉。相與計畫革命方略繼續進行事宜。其時人人存報國之思，意氣之盛，淩厲無前……此誠值得回想者。余於彼時兼有蘇門答臘日里之遊。時於參觀華僑所辦學校閱報社之際為公開的演講，以宣傳吾黨宗旨。其事困難，百倍於今，偶一不慎，輒受當地政府之干涉，至罹意外禍害。如蘇門答臘日報主筆李懷霜同志即被荷蘭政府驅逐出境。李君既行，各同志推余接辦。余亦惟本大無畏之精神，相與周旋而已。於時余面部滿蓄髭鬚，貌若歐人。余每與歐人交涉，皆以英法語出之，因此便宜不少。蓋歐人心目中，多蔑視華人。而華僑之心理，懼歐人特甚。未見歐人，先存畏憚，交涉自難勝利。余則居歐較久，於外人之習性，知之較深，故能處之泰然。當時嘗力勸華僑將其子弟送往各國留學，俾得多廣見聞，以繼續其事業，弗為外人輕視，華僑多有從者。」

下圖是褚民誼嗣後於1928年訪歐路經新加坡，訪問報社故地時的留影。

第四節　三度赴法，學工兼顧

褚民誼經南洋回到上海參加「倒袁活動」不久，由於袁世凱要抓張靜江，兩人一同避居到日本。他在〈家訓彙疏考〉[1.60]中回憶，「當時靜江先生之

1928年褚民誼（左2）走訪新加坡新民國日報館，與新加坡總領事李顯章（中）及報社經理和編輯等人合影於報館門前[1.24]

意，以為國內情況，萬緒千頭，一時之間，難得歸結；而民誼兩次渡法，學業無成，亦至可惜；莫如乘國事屯蒙之際，完學業未盡之功。於是民誼乃於民國四年（1915年）九月，三次到法。」

「猶憶抵馬賽時」，他在《歐遊追憶錄》[1.24]中寫道，「亟亟欲見石曾、子民諸先生。而諸先生皆往海濱避暑。避暑之地，為一小島，名奧來王。同往者國人有四十餘人。譚君仲逵，時留學都魯司（Toulous，現稱圖盧茲），亦在焉。余因往蹤跡之，留十餘日，始往巴黎，入巴黎醫科大學預科，修業一學期。於時歐戰正烈，（德國）齊柏林飛艇攻打巴黎，異常緊急。巴黎人心，驚惶達於極點，岌岌危殆。余乃遷居都爾（Tours，現稱圖爾），一方繼續余之學業；一方兼理中華印字局事。「余羈旅此間凡七閱月。修業醫學預科竣事後，即從事於印刷事業，共事者有李曉生、陳子寬兩君。當時刊物如《旅歐雜誌》《華工雜誌》《華工週刊》《旅歐教育運動》，均於斯時出版，而吾人為之辦畫經營者也。惟都爾醫校僅有預科可入，正科不收外籍學生，故余乃改往波爾鐸（Bordeaux，現稱波爾多）醫科大學肄業。」

關於上述褚民誼在巴黎等地亦工亦讀的安排，是經過當時旅法同志汪兆銘、蔡子民、李石曾以及褚民誼本人在一起商定而作出的。汪氏還將他們商討後的結果及時函告時居倫敦的吳稚暉。信中稱，他與蔡、李、褚討論辦印刷局出版小冊子事，認為非褚執事無法進行，謂「為印刷局之存在計，民誼兄仍寓印刷局，以不妨民誼之學業為限，料理印刷局事。此事銘初未以為然，益深不願奪民誼兄修學時間也。惟相與籌議的結果，今後若無印刷等事則已，如須印刷非民誼先生無所任者。故民誼兄駐局與否，印刷事業視為存亡……昨日石曾兄極論此事，謂民誼駐局每日仍可往巴黎大學修業，且劃定自修時間，不聞外事，自修時間既足，始以餘力條理局事，民誼兄已首肯」等云。（「臺黨史館」稚09577）

當時正值歐戰激烈進行，自1915年以來，兵源和軍備生產日益吃緊，法國勞動力突顯不足，需從中國大批招募華工。抓住這個機遇，李石曾、吳稚暉、蔡元培、汪精衛等人，通過國內外的積極宣傳和組織，使赴法「勤工儉學運動」蓬勃開展起來。赴法國的留學生中，分為儉學生和勤工儉學生（簡稱勤工生）兩大類。前者在留學經費上，獲得全部或部分官費、捐助或家庭的支持，在節約的原則下，從事學業；後者缺乏經費來源，採用先工作攢錢後學習，或者一面工作掙錢一面學習等方式，維持學業。

為了促進這一運動的發展，在組織上，除已有的儉學會和勤工儉學會等華人民間互助團體外，還需要得到當地法國各界的支持和幫助。經過中法雙方熱心人士的醞釀，「華法教育會」於1916年3月29日在巴黎自由教育會之會所發起成立，並於6月22日召開成立大會。該會由中法雙方共同發起組成，在發起大會上宣佈了參與人員的名單。法方人士十分踴躍，共計34人，遍及政界、工商和教育（包括大、中、小學）等各界，其中不乏著名教授和議員。中方共計30人，按當時的姓氏筆劃為序，他（她）們是：方君瑛、吳玉章、吳稚暉、汪精衛、李石曾、李汝哲、李曉生、李聖章、李廣安、李駿、余順乾、范淹、姚蕙、徐海帆、陳冰如、陳子英、張溥泉、張靜江、張惠民、張秀波、張競生、陸悅琴、曾醒、彭濟群、褚民誼、黃仲玉、齊致、譚仲逵、梁耀霱、蔡子民。會上還擬定了會章，確定了組織機構，並推選出如下幹事：

　　會長：蔡子民，歐樂（A. Aulard，巴黎大學民國史專科教授，法國自由教育會會長）；副會長：汪精衛，穆岱（M. Moutet，法國下議會議員，社會黨活動家）；書記：李石曾，李聖章，蜚納（中學教授，法國自由教育會書記），法露（法國蒙城農科實業學校教務長）；會記：吳玉章，宜士（法國共和工商會代表）。[3.2]

1916年蒙達尼中學演說會紀念攝影。講演人為褚民誼（前排中）和吳稚暉（前排左2）（[3.2]；[2.10] Vol.3, No.8, 1929）

褚民誼是「華法教育會」的發起人之一。他在巴黎醫科大學預科學習的同時，積極參與推動赴法勤工儉學活動。他早年赴法留學，長年寄居海外，深入法國社會各界，對在海外生活、學習和處事，經驗頗豐。他熱血心腸，常對新來學子傳授經驗，竭盡老馬識途之責。他在《歐遊追憶錄》[1.24]中寫道，「余雖未在馬賽久居，而至馬賽之次數，則已不可勝數。蓋不獨四度歐遊，來往必經其地；凡國內之故舊交遊往歐留學或旅行者，余必躬往迎迓，親自招待。即勤工儉學生之赴法求學者，每次恒數十人，余亦必親往迎接，躬任指導之責。」

　　此外，蒙達尼城是當時留法儉學生比較集中的一個地區。褚民誼初到法國時，因不諳法語，曾在蒙達尼小學暫讀。後來，為了接納更多的留學生，在蒙達尼中學首先試驗開設了專班。嗣後，留學先輩們常到那裡演講，褚民誼也時有出席演說。直至多年後回國，他在《旅行雜誌》[2.10] 1929年第3卷第8期的留學專刊上，發表的〈歐洲讀書一得〉的文章中，在闡發留學經驗和感想的同時，還記述了他與吳稚暉一同出席蒙達尼中學演說會的往事。上圖這張照片也曾早期刊登在1916年的《旅歐教育運動》[3.2]一書中。

　　發行刊物對廣大勤工儉學生進行宣傳、教育和聯絡，是華法教育會的一項重要任務。褚民誼等人在法國搞印刷出版，可謂輕車熟路。他們曾在巴黎艱苦創業，辦起了「中華印字局」，後來出版工作因經費支絀而停辦。《旅歐教育運動》[3.2]中記載，該印字局于「民國元年，始重建於巴黎附近之哥崙布，各種印刷機件，皆次第完備。」擬重開出版事業，但未能實現，「僅維持其存在而已。時都爾有法國印字局，規模弘備，關於印刷東方文字，嘗求助於中華印字局。因彼此協商，以中華印字局遷入於都爾法國印字局中，彼此仍為獨立的組織，而因以得互助的利益，於民國五年（1916年）春實行焉。無何，褚民誼君赴英，與吳稚暉、李曉生二君，論都爾之印刷事業。二君在倫敦無印刷之機關，而酷好印刷事業，且精習寫真版之術。於是李君遂來都爾主持中華印字局事，並設寫真版製造所。「六月間汪精衛、李石曾、李曉生、褚民誼、蔡孑民諸君，遂決定發行《旅歐雜誌》及《百科圖說》。」

1916年法國都爾中華印字局印製的《旅歐教育運動》[3.2]。（法國里昂市立圖書館）

第三章　革命輔成，勤工儉學　81

法國都爾印字局內之中華印字局排字室（左），歐洲各國排字室（右上）和印刷車間（右下）[3.2]

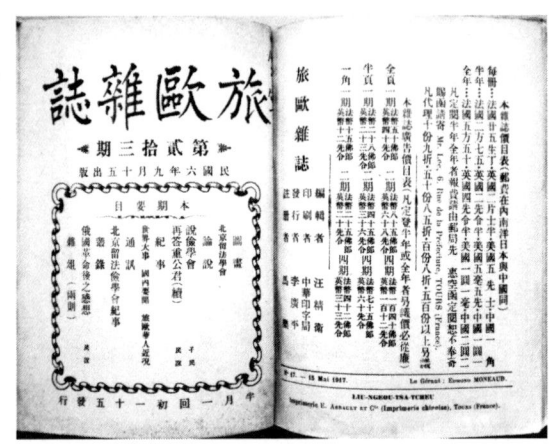

《旅歐雜誌》半月刊的封面（左）和封底（右）示例[2.5]

前頁右下圖示出的是，由世界社編輯、法國都爾中華印字局印刷、旅歐雜誌社發行，於1916年出版的專著《旅歐教育運動》[3.2]。該書是記述和研究早期旅歐教育運動的一部重要歷史文獻，法國里昂市立圖書館藏有其原本，1996年5月臺北中央研究院近代史研究所重印再度發行。書內刊登的有關都爾中華印字局的照片，轉載於左上圖。

《旅歐雜誌》[2.5]，如右上圖所示，是一本半月刊，每月1和15日發行，從1916年8月15日創刊（No.1）至1918年3月（No.27）終止（後期曾因受法國嚴格出版檢查而多有延誤）。該刊「以交換旅歐同人之智識，及傳佈西方文化於國內為宗旨」，內容分為圖畫、論說、紀事、通訊、叢錄和雜俎六個部分。汪精衛、李石曾、蔡子民諸君是主要撰稿人，汪精衛任編輯。其後不久，他們先後回國，從1917年2月1日第12期開始，由褚民誼代行編輯之責。在該期的紀事欄上刊登消息稱，「汪君回國，而對於本雜誌，仍負編輯的義務，已允時寄稿件，以期無負閱者諸君之雅意。但本雜誌之編輯，于汪君未返法之前暫由褚民誼君代理。」

褚民誼不但關心《旅歐雜誌》的印刷出版，而且還經常在其上以「民誼」為筆名，發表一系列論述。當時，在被人們認為文明中心的歐洲，正進行慘烈的戰爭廝殺。先進的科學被用於製造強力殺傷的新式武器，一些人被這個表面現象所迷惑，產生科學愈昌明、危害愈大，即「善惡永久並進，而同其程度」

「不若任其自然，善不加長，而惡也不增多」的思想，從而淪為「抱厭世之悲觀者」。對此，他先後撰文，〈善惡俱進論〉（No.10-11）和〈再答重公君論善惡俱進之相等差〉（No.23）進行批駁。文中說道：「辨善惡，說進化，言教育，皆為社會學中之大問題。而善惡俱進，更為社會現象時時所疊呈，研究社會學者尤不當忽視也。」然而，社會現象太繁複，必須要進行全面分析。善和惡這兩個對立面，雖互相依存，但受不同因素和條件的影響，其發展和演進的程度也必然會有所差別。只需略舉數理化和生物學中大量不同對立面的差異變化，便可得到證實。

他認為：「適者生存」的天律和「教育」是影響人類社會進步的兩個主要因素。前者屬「天然淘汰」，是為天命；後者屬「人力淘汰」，可以「助進吾人之不適合於生存」，而得以發展。「種瓜得瓜，種豆得豆」，中國社會落後，即善較少而惡較多，在於「教育不普及，人民謬于進化，善惡不能辨別的結果。」通過教育可以知利害，抑惡揚善，使社會日趨進步，向「善大至不可思議，惡小至不可思議」的境地邁進。

褚民誼在歐洲留學，不斷汲取新鮮的科學思想，為了幫助人們樹立科學的生死觀、人生觀和世界觀，他連續發表了，〈吾人對於國家的觀念〉（No.4）、〈吾人之生存〉（No.12）、〈吾人生存之原理〉（No.16）、〈吾人生存之要素〉（No.17）等一系列論文進行闡述。對於這個根本的哲學問題，他從「人類不過為宇宙之一物，而吾又為人類之一分子，與其言人之生存，不若言吾人類全體之生存」這個命題出發，把人的眼光從一己的私我束縛中解放出來，把渺小的個體和煢乎的人生放進博大無垠的宇宙和人類進化發展的歷史長河中來加以考察。他基於唯物主義的觀點，認為世界萬物莫不有一生存期，「生存之靜狀為質，而其動狀為力（能量），質與力合一，質不能離力以存，力不能出以無質。故質與力無始，千生萬滅，萬滅千生……不增不減，乃順乎進化之作用，演進而不息。「故以質力言，吾人無所謂生存也。」雖然對於吾身，有生有滅；然而，對於人類之全體，以至對於宇宙，仍無所謂生滅。」從而得出「生不足幸，死不足惜」的結論。接著他從進化論的觀點出發指出，「吾人既自演進而來，則吾人之生存應有所演進，否則必淪於天演之淘汰，而出進化之軌，「中國之落後受欺，就是前車之鑒」。從而揭示出，「非惟吾人于進化線上勿使有所退步，而必更使有所進步，是豈吾人生存之責任不得不如是」的人生目標。

1916年深秋蔡元培（右1）回國出任北京大學校長前，與譚熙鴻（右2）、李石曾（右3）和汪精衛（右4）在法國合影，由褚民誼攝

1917年爆發俄國革命，旅歐雜誌上及時報導了留法學生對此的歡迎和祝賀，並於9月中旬發表了他對海外革命黨友人來鴻的譯文，〈對於俄國革命之感想〉（No.23），介紹當時俄國革命發展的有關情況。此外，他還對改進留學生的培養和管理，通過親身體驗，發表意見和建議，如撰文〈書留歐自費生上教育條陳後〉（No.16）等等，這裡就不一一列舉了。

本節開頭提到的譚仲逵，是華法教育會的發起人之一。譚熙鴻（Tan Xihong, 1891-1956），字仲逵，江蘇吳縣人，1907年經蔡元培介紹加入同盟會。民國元年，孫中山就任臨時大總統，他擔任電訊機要秘書。孫中山卸任後，他於1912年底，由稽勳局首批派往法國留學，1914年歐戰爆發，由巴黎轉赴圖盧茲（Toulouse）大學農學院肄業。1917年3月4日圖盧茲中華學會成立，他被推選為會長。留法期間，他與汪精衛、蔡元培、李石曾、褚民誼等人過從甚密。1916年他與在法的陳璧君之妹陳緯君結婚（1922年緯君病逝，又續娶其妹淑君）。1919年他獲得博物學碩士後回國，1920年被蔡元培邀請到北京大學任教，曾擔任校長秘書，並於1925年創建了生物系，任系主任。褚民誼學成回國後，即被他聘任為北大生物系教授，這是後話了。上面這張照片，是1916年深秋蔡元培回國出任北京大學校長前，蔡、譚、李、汪的合影，由褚民誼拍攝（譚之長子譚伯魯提供）。

1918年11月第一次世界大戰結束，戰亂方止，加之出國費用較去其它國家低廉等原因，在國內外人士的積極推動下，從1919年起赴法勤工儉學生人數猛增，赴法放洋消息幾乎月月都有見諸報端，每批人數幾十人，甚至百人以上。如右圖所示，《申報》1920年11月7日報導了於當日起程的，華法教育會第15屆赴法勤工儉學生名單，有來自16個省派送的儉學生71名，勤工生123名，女生3名，共計達197人。其中，在浙江省的儉學生中可以找到周恩來的名字（圖中用附加線標示）。但是，時隔不久，法國戰後經濟滑坡，物價迅速上漲，工人失業，使剛到法國的大批勤工儉學生陷入困境。據統計「到民國十年（1921年）初，在法勤工儉學生之待維持者達千七百餘人。」[3.5] 李石曾、吳稚暉等人因此緊急叫停，教育部也一再通告各地勸阻勤工生赴法。其消息屢見於《申報》1921年1-2月。鑒於華法教育會是一個文化團體，經費全靠捐款，由於巨額虧空，無法繼續對大量貧困生給予支持，蔡元培無奈於1921年1月16日在法國發表聲明，「華法教育會對儉學生和勤工生脫卸一切經濟上的責任。」[3.5] 這樣，一場藉歐戰迅速興起的勤工儉學運動，於停戰後不久便走到了盡頭。1921年10月10日里昂中法大學正式招生上課，是從勤工儉學轉向正規留學生制度的轉捩點。

第15屆「華法教育會」赴法勤工儉學生名單。周恩來（紅線標示）列在其中（申報1920, 11, 7）

　　作為紀念，在當時勤工儉學運動中有這樣一個值得回顧的一幕。1918年底，第一次世界大戰結束，中國作為協約國的一員，取得了勝利。旅居異國他鄉的中國赴法留學生，莫不歡欣鼓舞。次年雙十國慶日，開展了盛大的慶祝活動。如後頁左上圖所示，勤工儉學生們在廠區附近，搭起了中國傳統形式的大型彩色牌樓，從高到低，依次標以「慶中華始日」「賀民國文明」和「中華民國萬萬歲」的大型橫幅。當時使用的象徵漢、滿、蒙、回、藏五族共和的中華民國五色國旗，在法國上空高高飄揚，大長了華人的志氣。褚民誼是該項活動的一位主要組織者，此時正在現場視察牌樓之搭建工作。後頁右上圖是慶祝活動當天，他著禮服與其他幾位負責人在慶祝會場前的合影。（照片由曾孟濟收藏提供）

一次大戰勝利後，赴法勤工儉學生在廠區附近搭建慶祝中國國慶的大型牌樓。褚民誼（左1）正在現場視察

赴法勤工儉學生一戰勝利後在法國集會慶祝中國國慶日。褚民誼（左4）是一位主要組織者，在活動當天與其他幾位負責人在會場前合影

第五節　入讀波大，鑽研醫學

波爾鐸（Bordeaux，現稱波爾多），位於法國西南部，遠離法德邊境，以盛產葡萄酒而聞名於世。褚民誼在圖爾學完一年的醫學預科後，由於圖爾醫校不收外籍學生，就轉到波爾多大學醫學院正科學習。右圖是褚民誼在法國求學時期寄贈給吳稚暉的肖像照，現存「臺黨史館」（稚12647）。

關於這一段時期內的學習情況，他在《歐遊追憶錄》[1.24]中記述如下：

「波爾鐸蓋以酒得名也。余於民國五年（1916年）十月由都耳（圖爾）至其地。時汪精衛先生方居家儉學於此，蔡子民先生則在瓦項，相距亦甚近，吾人時相過從。同學中尚有方、曾等十餘人，頗不寂寞[15]。余入醫大正科一年級肄業。法國學制，醫大預科僅有一年，正科則有五年。而每一學年中，又分四學季。當余初入校繳第一季學費

褚民誼早年留學法國的肖像。贈吳稚暉留念（「臺黨史館」稚12647）

---

[15] 年底蔡、汪先後舉家回國。

時，心中忐忑不已。以為今日所取得者，不過二十分之一。悠悠歲月，茫茫前途，距畢業之期猶如是其久且長也。然而曾幾何時，竟畢業矣。迄今日回思，茲事蓋已十有五年，覺學生時代之生活，其味彌復雋永。當時在波爾鐸學醫者，國中僅余與沈君鴻翔兩人。波爾鐸醫大法籍學生，並不甚夥，外籍學生，居三分之一強，而以塞爾維學生為最多。余與沈君互相切磋，獲益不鮮。沈君乃北洋醫學校卒業，插入正科三年級。惟初來時，法語全未諳習，數月後乃異常孟晉。此固由於沈君英文有相當基礎，亦其天姿有過人處也。波爾鐸醫大，有神經系教授名皮特者，為世界著名之學者。余親灸之，獲益最多。計余在校四年，賴各師長悉心教導，每覺興趣盎然。而當時對於解剖、生理、組織各科之實習，均極認真。尤以組織學一門，雖在暑假時期，實習未嘗中輟，蓋已由領悟得到趣味矣。於時歐戰方酣，法國大勢，岌岌危殆。吾人求學之餘，不能不關心時局。斯時法國食糧將有缺乏之慮，每人限制麵包，每日盡得三百格蘭姆（今稱「克」），糖亦加以限制，每人每月僅有一磅。余向持儉學主義，不往飯店就食，每日均系自炊。時僅得官費四百法郎，宿食學費以及衣履之資，均在其中。而余因自炊之故，且得稍有餘錢，用以購置書籍。而自炊之外，復須灑掃住宅。蓋余性愛潔，住宅佈置，必求整潔。星期日則邀請師長同學，蒞臨聚談，樂乃無藝。以上乃余學生時代之生活。信筆寫來饒有迴味。請更進而一述當時實習之課程。當時吾人學醫課程，蓋有三種。其一課堂，其一試驗室，又其一則屬於醫院。法國醫學制度，與別國不同。第一年便須往醫院實習。別國須待至三四年級，方令學生至醫院實習。此其利弊，各持一說。有謂學理未諳，率爾實習，失之過早。亦有謂學理與實習自始即須並重，始能養成其習慣，無偏重學理忽視實習之弊，此則法人之主張也，余亦贊成後者之說。故余於四年內，獲實習之益特多。試就試驗室言，屍體之解剖，每兩星期，每一學生，可以互相更換二十餘個之多。余素喜解剖，為之不厭。亦有不喜解剖之同學，於解剖屍體時，或削一耳，或割一肉，互相拋扔，恣意取樂者，亦可謂惡作劇矣。猶憶余幼時，每聞人說鬼，則有戒心。余生肖屬羊，每逢戚族喪事，死者大殮之際，輒令余避去。故余在國內，實未嘗目睹屍身。不圖在法學醫，入解剖室後，乃日與屍身接觸，有時一室陳屍數十具。諸同學散後，余獨解剖之，興猶未闌，乃獨自一人研究，對此纍纍陳屍，了無懼意。解剖屍身分配之辦法，系每五個學生一組，得屍身一具，剖為頭手足各部，由各個同學輪流交換研究之。余覺解剖學在醫學上，實佔有極重要之地位。獨惜我國以前不

知採用，甚且禁止剖屍，以故醫道玄虛，所謂五臟六腑陰陽五行，均系想像之詞，不知不事解剖，則病源永難明瞭。以盲腸炎一症言，在昔國人死於此者，不知凡幾，大都以為腹痛而已，可勝歎哉。時至今日，國內醫校之解剖實習，仍復甚少，則以國人重視此臭皮囊特甚之故。余曾有一種主張，擬集合同志，組織一死後解剖會。在生前先將其身體經過極詳細之檢查，發給健康證，詳載於上；迨死後犧牲其臭皮囊，貢之於醫界，一任其解剖，俾知疾病之發生，與夫致死之原因，以求醫學之昌明。此義蓄意已久，會當促其實現[16]（當另為文論之）。余既入波爾鐸醫大，修業四年，方謂可以賡續所學，完成學業。不意是時里昂有中法大學之設立，余被石曾先生等推往督工，祇得棄其所學，往里昂旅居兩年。

　　該書上同時刊登了如下兩幅照片，示出了褚民誼在波爾多醫科大學解剖試驗室內從事研究和進行解剖試驗時的情況[1.24]。

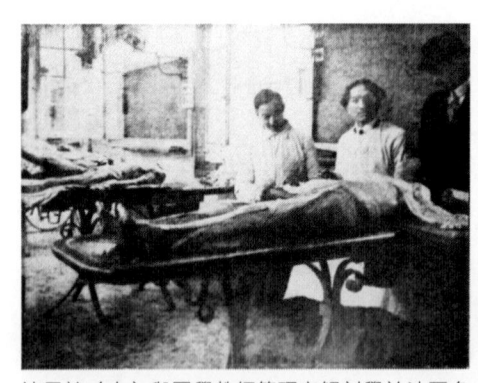

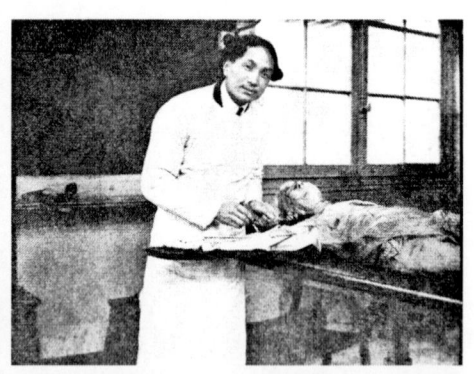

褚民誼（中）與同學教師等研究解剖學於波爾多醫大解剖試驗室內[1.24]　　褚民誼在波爾多醫大解剖試驗室內解剖一女屍[1.24]

---

[16] 他說到做到，不管1946年時人們怎麼看待他，臨終前，他仍不忘以身作則，自願提出捐贈屍體以實現為醫學做出最後奉獻的這一宿願。

第四章　海外大學，創立里昂

第一節　肩負重任，籌建里大

　　里昂位於法國東部，當年居民五十余萬，是僅次於首都巴黎的法國第二大都市，由鐵路從馬塞港至巴黎，約行五分之二的距離即可到達。該市歷史悠久，其老城區已被聯合國科教文組織列入世界文化遺產目錄。昔日作為中國絲綢之路的西端，里昂與中國聯繫最早，是中法商貿的重要場所，尤以輸入絲綢為大宗。該市文化教育事業發達，除著名的里昂大學外，還設有多所高等專門學校。興旺的中法商貿，推動了頻繁的文化交往，使這裡也成為中法文化交流的一個重要場所。例如；從1900年起，開法國之先河，在該市內舉辦了中文講學活動，系統地介紹中國的歷史和文化；並于1913年在里昂大學文學院率先設立了中文教授職位。嗣後，1921年中國的第一所海外大學在這裡成立，翻開了中法文化交流的新篇章。關於這所大學成立的歷史，在《歐遊追憶錄》[1.24]中，褚民誼以其親身經歷，記述如下：

　　「里昂中法大學者，吳稚暉先生所首創，李石曾、蔡子民先生所摯畫，張靜江、汪精衛先生所贊助，而余經營組織以促其成也。當時吳稚暉先生之意，以為國內大學，辦理每不見佳，其原因蓋由於環境之不良，有以致之。蓋辦理大學，如僅求其本身之設備完全，而環境都無良好之設備，如博物院、動植物院、音樂院等，以為文化一輔佐之機關，而供學理上研究參考之資，則殊難期其成績之良好。倘於國內設一大學，同時更設備各種輔佐之機關，則為財力所不許。以故不若在海外設立，籍外人固有之經營，良好之設備，以發展吾國之文化，則費省事簡而收效較宏。民國八年（1919年），吳先生遂本此意，而有海外大學之提議[17]。余與汪精衛同志深韙其意，李石曾先生尤為之首肯，於是遂有中法大學之組織。吳先生之提議，為海外大學，吾人乃設立中法大學，其故何在？則因法國主張革命，崇尚自由，與吾國民族性質有天然相近之點。且法國思想、學術及民

---

[17] 《吳稚暉全集》[3.59]中對此提議及其經過情形有詳載。

族精神之發達,有足為吾人取法者。中國舊有文化與法國文化相同之點獨多,若從而溝通之,必能發生異彩。故中法大學之設立,不僅在吸收西人之文化,且負有傳播吾國舊有文化之責任。不僅在留學史上開一紀元,實為未來文化史上演一奇觀也。顧何以此大學不設於巴黎,而設於里昂哉?則以巴黎為世界最繁盛之都市,習染奢侈,生活昂貴,非貧苦力學之士所宜;且遍覓校址,都無相當處所,以是甚難進行。適里昂大學校長儒朋(P. Joubin)君,新自遠東調查教育歸來,由穆岱君介紹,與吾人晤敘之餘,就其觀察所得,發為批評。謂日本教育系採用德國式,已具有德國之基礎。獨惜中國以數千年文物之邦,開化最早,乃迄今教育尤存杌陧之態,毫無穩定之基礎,言下深致其惋惜之意。並謂渠願出全力以求中法文化共同發展與提攜並進。吾人乃謝其厚意,並告以擬組織中法大學事,渠欣然贊同。於是里昂設置中法大學之議遂定。顧校址尚無著,嗣由里昂大學醫科學長雷賓(J. Lepine)君提議,里昂之生底愛迺山上,有一廢炮台,棄置無用,可作校址。惟此炮台屬於陸軍部管轄,須由陸軍部撥歸教育部,然後由教育部劃與里昂大學,作為中法大學校址。其間周折極多,公文輾轉,交涉往返,所費之時間尤長。而石曾先生以計畫雖定,經費尚無從出,非回國籌款不可。故斯時石曾先生乃摒擋回國一行。瀕行語余曰:茲事體大,吾當東歸,與諸同志奔走於內,所持以周旋法國謀實地之建設者,惟先生耳。余慨然諾曰:吾人之志決矣。吾人當更為一度之犧牲,以助其成,不知有他。石曾先生遂行[18]。余以交涉校址,建築校舍,非短時間內所能竣事。當時余猶在波爾鐸之醫科大學肄業,以辦學與求學分處兩地,勢難兼顧。於是特轉學於里昂,因此得與宋梧生、經利彬、宋杏邨諸君同學焉。

　　猶憶余初次往里昂,視察校址時,乃與張溥泉同志偕行。既至里昂,登生底愛迺山。上山之途徑凡三:一為步行之大道;一為汽車繞行之道;一則鐵線車道。既登其巔,近瞻遠眺,不惟里昂全景,一覽無餘;即瑞士山水,亦依稀可睹。不獨天氣晴朗之日,山景足資流連;而入夜,里昂市上,燈火萬千,憑高視之,尤為美觀。且山中頗多羅馬人古跡。有一種穹形聯接而成之導水建築物,仿佛吾國之洞橋(迄今里昂中法大學內,此種建築物尚有五座),此為羅馬人之遺跡(見後頁左上圖),距今已有兩千餘年。羅馬人具有偉大之氣概,尚武之精神,極注重沐浴。每次沐浴,必聚集數百人或千餘人於一處,無形中

---

[18] 蕭子昇當時亦隨李石曾一起與褚民誼同遊,走在路上,聽見他們之間的這一席談話,印象深刻,在他為褚氏的博士論文《兔陰期變論》[1.4]所作的跋中,亦有相同記述。

里昂中法大學校址聖‧伊雷內堡內的羅馬導水穹窿遺跡前。自右至左：褚民誼、劉厚、李石曾、齊致[1.24]

修建前的聖‧伊雷內堡（廢炮臺）原貌。左右兩幢建築將分別作為里昂中法大學的大禮堂和男生宿舍，背後是羅馬導水穹窿遺跡（對照左圖）[1.24]

表示其體格之美，以身材魁梧為榮。且每次沐浴不用附近淞江、紅江之水，而用比拉山之水。蓋因普通之水，加以蒸發後，則水中所含之泥沙與碳氣分離，碳氣上升，而泥沙沉澱浮於水面，故其水混濁而不清。比拉山之水則異是，雖經沸煮，其水始終不變。顧比拉山距里昂百餘里之遙，羅馬人乃不惜巨大之耗費，建築此種穹形之導水管至里昂沐浴。此在國人聞之，得毋謂異事乎。惟所謂炮台者，僅有陳舊之小屋五幢，猶有兵士駐守於內。屋內已多傾圮，僅牆壁完好。以其為炮台，故窗牖均極微，即一切形式亦不類於學校（其原貌見右上圖），非大事修葺不可，經費需十余萬金，舍此別無其他適宜之地點，則亦不得不勉力為之。余於是乃鳩工庀材，大興土木，接洽法人，改造校舍，組織校董，釐訂校章。既而校舍落成矣，學生來矣，中國首創之海外大學，自此開幕矣。中法人士群目余為校長（余時為副校長），實則非關於余之努力，乃吳稚暉、李石曾、蔡子民、汪精衛諸先生之功；而法國教育部長奧諾亞於交涉校址時，予吾人之助力尤多，余特贊襄其成而已。」

關於落實中法大學校址事宜，1920年3月23日張溥泉在與褚民誼一起前往聖‧伊雷內堡（Fort Siant-Irenee）視察後，即於當日乘有輪船回國的機會，發函致上海寰球中國學生會總幹事朱少屏。（《申報》1920，5，9）信中說，里昂中法大學借用廢炮台一事，因法國內閣更迭等原因，曾一度推遲。新內閣組成後，奧諾亞（Honnorat）出任教育部長，對此事極力贊助。遂於3月中旬，

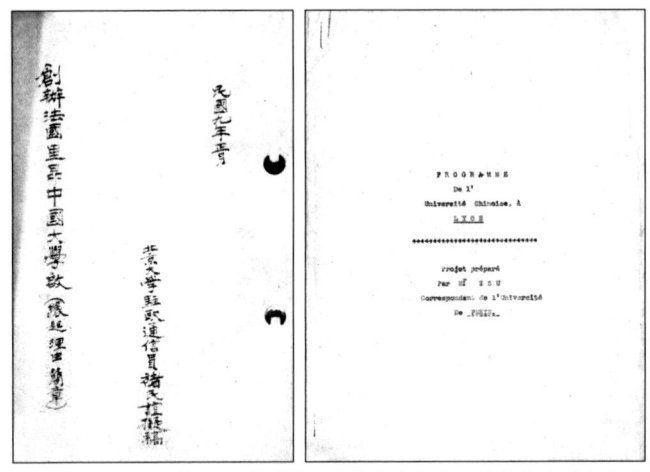

1920年1月褚民誼擬定的「創辦里昂中國大學啟」的中文本（右）和法文本（左）[1.3]（法國里昂市立圖書館）

「由陸軍總長命令里昂督軍，迅速將該炮壘交於中法大學；同時里昂大學校長，得教育部消息，該校長於19日電余及褚民誼君，即來里昂接洽。余與褚君於20日來里昂，除與該校長會談外，見市長Herriot（赫里歐）（前戰時輸運總長）及里昂督軍，皆十分熱心教育中國子弟事業，並表示切實扶助之誠意。今晨該督軍特派工兵上校同往聖‧伊雷內堡查看該炮壘內部形勢……」云云。

如前所述，自1919年底李石曾回國謀劃籌款後，褚民誼便在法國挑起了具體籌辦中國海外大學的重任。在積極聯繫校址的同時，着手制定建校規劃，於1920年1月，以北京大學駐歐通信員的名義，擬定出《創辦法國里昂中國大學啟（緣起、理由、簡章）》[1.3]的方案。該文件（見上圖）有中、法兩種文本。法文題目為「PROGRAMM De l´Université Chinoise, A LYON」（里昂中國大學規劃）。由於條件所限，中文是手抄本，法文是打印件。這兩個原件現均保存在法國里昂市立圖書館內。

該件中文本共24頁，如後頁上圖所示，分為「創辦法國里昂中國大學緣起」「在法國創辦中國大學之理由」和「法國里昂中國大學簡章」三個部分。在第一部分「緣起」中，從教育救國的思想出發，認為在當今激烈競爭的世界裡，不但「普及教育誠為當今之急務，而求高深之學問尤為吾人所不當忽者也。」在總結過去留學教育運動的基礎上，認為雖看到一些希望，但「特以儉學，限於境遇，或以費少不能求高深之學問，或以費乏而中輟。故其結果尚未

《創辦里昂中國大學啟》中三個部分的首頁：1.創辦法國里昂中國大學緣起（左）；2.在法國創辦中國大學之理由（中）；3.法國里昂中國大學簡章（右）[1.3]（法國里昂市立圖書館）

符吾人之希望。「而所派遣於海外之官費生，既無系統，又無組織，而其結果不得希望之什一。不但有高深之學問者廖若晨星，而以國家有用之財，往往造就洋奴與教徒，以若所為，求若所欲，誠所謂南轅而北轍也。」因而疾呼，「嗚呼，國之需有高深學問之人才如是甚急，而高深學問人才之造就如彼其難，此非令憂國亡種滅者所當蹙額而長太息也耶。吾人旅歐素負教育之責任，昔既為各方面之教育運動矣，今竭吾人之全力以創辦中國大學于海外，冀造就多數高深學問之人才，使彼輩歸國，頓強教育運動之力，不僅速通俗教育之普及，而高深教育之輸入亦源源不絕矣。是則國勢之振興，種運之昌盛，庶可計日而待矣。」

在第二部分「理由」中，除一一列舉了利用國外已有的學科發展、高水準教員隊伍、各種輔助機關相配合，以及法國政、學、商各界要人襄助等有利條件以外；還提出可以採取措施，有針對性地努力解決中國留學生中的一些問題，如：

「特設高深中國學課，使來學者可同時得研究本國學問，不致留學外國後便無研究中國學術之機會；「由共同生活使一切費用儉省，庶可以在國內大學或高等學校個人之膳費等，即足到法留學；「本校分科之完備及研究科之設立，學時既各有所專，得學術之系統，且互相考究，俾知識之交換，而學後歸國，藉團體之組織，對於教育上種種事業之設施，亦得分工合作之效果；「專

設女生宿舍等照顧措施，鼓勵女生深造，以解決國內現乏女子高等教育以及留學外國者常感孑獨，有種種不便」的問題，等等。

第三部分「簡章」是本案的重點，內中對學校的組織、分科、招生、學生管理等各個方面均做出詳細安排和規定。該校「以普及大學各科學理與學藝，培養高等教育人才為宗旨。」分設預科、正科和研究科。新生要求年滿16周歲，具有中等以上學歷，經中文、外文（法、英或德文）、數學和普通科（物理、化學、博物和地質）四門筆試及體格檢查合格後，按分數次序錄取。報名在中國北京、上海、廣州和法國巴黎、里昂五地進行。

新生先入預科一至兩年，學習課程為國學（讀本、歷史、作文）、普通科學（數、理、化、博物、地質）和外文。普通科學以法語教學，為必修課；其它兩門可按各人情況選擇重點。

正科在里昂大學的文、法、理、醫、藥諸科或入其它高等專門學校工、農、商各種專科學習。學制大學3-6年，專科2-4年不等。由本校預科畢業後升入本科，或在國內外有相當準備經本校考取後保送入學。正科中還特設高等國學一科，有哲學、文學和歷史三門，法國人亦可入此科學習，畢業後由本校發給中國文學學士文憑，與法國文科畢業同。此外，校內每週還舉辦國學講座，舉行以新學理、新學術、新主義等為內容的演講會。

研究科是為正科畢業生考博士學位作預備，或為個人或團體對於新發明進行研究提供條件。年限不定，但每年需提供研究報告，接受考查。國內優秀大學畢業生經學校推薦，或國外大學畢業生經本校校長批准後，均可入此科。

為促進學生全面發展，各科生每天均安排一小時體操課，並鼓勵學生自己組織各種課外體育活動。對於優秀新生發放獎學金和減免膳宿費。此外，還建議「照北京大學之組織，設進德會，使青年學生得智、體、德三育兼修。」

方案中對於膳宿費、旅費及各科的學費都有明確規定，並對學生的治裝給以細緻的指導。

文中還專門提到，學校對外要注意「招待自費生、儉學會生、勤工儉學會生等之來法，並介紹學校及工廠等，使彼輩來法少困難而多獲益。」

這個早期擬定的方案，繪製出一幅令人振奮的建設里昂中國大學的藍圖，儘管具體建校方案隨著過程的進行不斷有所變化和調整，通過中法雙方的共同努力，基本上實現了上述規劃所確定的總體目標。

蔡元培十分重視開展與歐洲的文化交流活動，自回國擔任北京大學校長以

來，不但多次出訪歐洲，而且經常通過駐在法國的褚民誼，繼續與對方保持密切聯係。為了更好地代表校方開展工作，在褚民誼的建議下，建立了「北京大學通信員」制度，並發聘書委派褚民誼擔當此任。《北京大學日刊》[2.6]1920年第577期（1920, 4, 9）的通訊欄目上以「褚重行君致蔡校長函」為題，刊登了褚民誼（重行）給校長的一封回信。信中披露了兩個重要事項，一是對聘請他到北大任教，建議注重解剖和組織學研究的回應和準備[19]；另一是在他擔任北京大學通信員後，為籌備里昂中法大學所作的努力。信中謂：

「至於通訊員事，弟為發起人，而受聘書以來，未上一言，疏忽之咎，不敢辭也。自吳（稚暉）先生來書，提議創立中國大學於法國，弟極贊成。故與石曾兄商議一切，曾於彼離法之前同去里昂，見里昂大學校長儒班（儒朋）君。彼新從中國調查教育來，受中國學界歡迎，故極熱心於中國教育，曾言不得見先生為憾。此事發起之始末，當由石曾先生面述。現在由各方面向教育部及陸軍部要求房子，待房子定，始可有其基礎。此房子為一舊礮台，可容二千人。且有空地，可容新建築。地又高，離學校不遠，修理不大，因現有人住也。今晨得來函（自船中）言有無線電致穆岱君，催渠進行。弟當待溥泉兄由西班牙返波鐸後，同去巴黎。房子早定，則大學有基礎矣。至於中國方面，籌款事，乞鼎力設法。因為今日救中國第一要策，須多造人才。儉學會與勤工儉學會之辦法，只得普通知識之人才。欲造就有高等教育人才，則費多。若得華法政府津貼，使多數同學來法，受高等教育，每年有數百返國，則科學之潮流，源源不絕，數年以後，可使國內大興，此弟所以汲汲期此事之成也。弟曾作一緣起及理由，為他日作一《創立中國大學於里昂啟》之材料。此二稿已交石曾兄，並有預算表，及常年費等。今彼先到廣東及上海，則到北京必二日後。故特抄上一份，請檢收。錯誤處多，尚祈斧正。今後逐漸寄上各稿，請與石曾兄定奪，是否可用？」

褚、蔡之間的這封信件，道出了褚民誼作為北京大學的代表，在法國從事創立中國在海外第一所大學的籌備工作，特別是擬定前述文件《創辦法國里昂中國大學啟（緣起、理由、簡章）》的過程。

正當褚民誼等人在法國積極擘畫籌建里昂中法大學的同時，李石曾等人在國內也為促進中法教育事業而奔忙。李石曾有一個雄心勃勃的計畫，在北京

---

[19] 褚氏據此確定的博士論文研究方向，以及回國後到北大任教的情況，將在後續的第二篇第七章之第一節「鍥而不捨，終達宿願」和第三篇第一章之第六節「兼職北大，京穗奔忙」中另述。

自研究院以下，建立起從小學、中學到大學的中法教育體系，並設想以北京的中法大學為核心向外擴展，在中國的廣州和上海等地成立分部；並設想把在法國的里昂中法大學納入這個範疇，作為中法大學的海外分部[20]。1920年初他到「廣州以創辦中法大學事，言之於孫中山，極受歡迎；次到北京見蔡（子民）先生，亦允贊助，北京中法大學遂於是年成立。」並由時任北京大學校長的蔡子民兼任該校校長。中法大學海外部中國代表團於1928年5月28日在巴黎集會，李石曾主持會議，簡要回顧了中法教育運動的歷史和中法大學海外部的工作，並對里昂中法大學的今後發展進行了研究。這次會議簡稱「巴黎會議」，其紀要現保存在法國里昂市立圖書館內。會上李氏談到「中法大學中國代表團之歷史已有七八年，最初由蔡子民、高曙青、褚民誼諸先生擔任之。」以後人事和辦公地點不斷有所變化。這裡所指的高曙青，即後面將要提到的高魯。

高魯（Gao Lu，曾稱Kao Lou, 1877-1947，），字曙青，號叔欽，福建長樂龍門鄉人，中國天文學家，1897年就讀于福建馬尾海軍學堂造船班，1905年被保送入比利時布魯塞爾大學，1909年獲博士學位。他早年追隨孫中山，參加巴黎同盟會的活動，辛亥革命後回國，1912年任臨時政府秘書，同年中央觀象台成立，被蔡元培任命為首任台長，1919年被教育部派到歐洲，任駐歐留學生監督，至1921年回國續任中央觀象台台長。

在高魯任駐歐留學生監督期間，1921年前後，蔡元培也一度由北京大學來歐洲考察，蔡、高、褚三人遂組成中法大學中國代表團，與法方進行聯絡，達成了初步協定。《申報》1921年5月30日上報導稱「24日巴黎電，蔡元培已與里昂大學締結合同，在里昂設一學院，俾中國學生受完全科學之訓練。教育部長司拉德氏昨接見蔡氏，並以政府名義贈以徽章[21]。」蔡回國期間，高以駐歐留學生監督的官方身份，褚作為北京大學通信員代表北京大學，繼續開展活動。在校址確定以後，要在里昂成立中國大學，遇到了不能通過當時法國法律許可的難題，一度形成僵局，中方甚至做出了轉移到比利時成立大學的準備。經過反覆磋商，法方提出了一個折衷方案，即成立一個以法國人為法人代表的合法機構「里昂中法大學協會」，由中法雙方共同管理，以「里昂中法大學」作為其下屬，進行運作，這樣就可以繞開法律障礙，解決這個問題。

---

[20] 褚民誼回國任廣東大學代理校長後，1925年2月孫中山曾下令，將里昂中法大學劃為廣東大學的海外部，詳見第三篇第一章之第二節「兩度應命，擔綱廣大」。

[21] 法國榮譽軍團指揮官勳位勳章。

里昂中法大學協會全部會議記錄及中法雙方簽訂的協議，現保存在法國里昂市立圖書館內。按該資料及會後褚民誼致吳稚暉信（「臺黨史館」稚07292）中的記載，1921年7月8日下午兩點半，在里昂大學法學院會議室召開「里昂中法大學協會」成立會議，由里昂大學校長儒朋（P. Joubin）主席。到會者，法方有里昂大學文學院院長、理學院院長、法學院院長、醫學院長和中文教授古恒，以及里昂市督軍和里昂市市長的代表等十二人；中方有駐歐留學生監督高魯，北京大學代表褚重行，以及李聖章、李曉生、李書華、李廣安、彭濟群和曾仲鳴等八人。會上推舉里昂大學醫學院院長雷賓（Jean Lepine）和蔡元培分任協會法方和中方理事長，法方和中方副理事長分別為里昂商會副會長夏慕耐（C. Chamonard）和高魯，法方和中方秘書長分別由古恒（Maurice Courant）和褚重行（Tsu Zong-Yung）擔任，同時確定葛杏（L. Guerin）為會計。協會的會議紀要即由協會主席會同兩位秘書長共同簽署。下圖示出了成立大會會議紀要的首頁和尾頁，以及簽名部份的局部放大圖。這裡要說明的是，褚民誼字重行，當時他署名時，在中文文件上常用「褚民誼」；而在法文文件上則常用「褚重行」，全拼為Tsu Zong-Yung（現稱Chu Zhongxing），縮寫為Tsu Z. Y.或Z. Y. Tsu。

　　會上中法雙方取得共識後，即於當日由儒朋（里昂大學校長）為一方，與蔡元培的代表高魯（中國駐歐留學生監督和大學事務負責人，中國政府教育部委任的中國大學聯合會代表）為另一方，共同簽署了「里昂大學與中國大學聯合會之間的協議」（見後頁圖），內容如下：

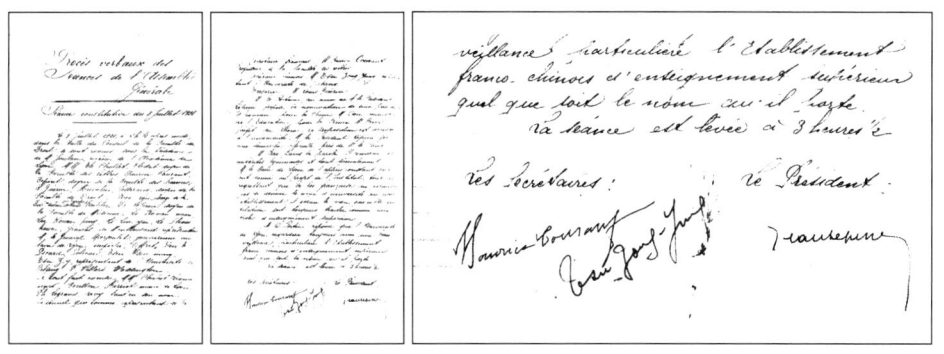

1921年7月8日成立「里昂中法大學協會」會議紀要首頁（左圖）和末頁（中圖），右圖為文件結尾處的放大，示出紀要由協會理事長雷賓（右）及法方秘書長古恒（左上）和中方秘書長褚重行（左下）共同簽署（法國里昂市立圖書館）

第四章　海外大學・創立里昂　97

1. 對於中國當局認定的設於里昂的中法大學的學生教育，中法兩國知識界之間要著重加強聯繫，學生條件及其合法性要符合該大學董事會和中國大學聯合會的規定。
2. 維修和佈置聖·伊雷內堡的費用，總計一百萬法郎，由中國大學聯合會事先募集支付，其工程由中國當局負責監督。
3. 中法大學的日常經費，開始時每年由法國政府資助75,000法郎；中國政府資助100,000法郎。
4. 該協會的工作由董事會管理，董事會中的法國成員和中國成員權力均等；但是，法國理事長是唯一有資格履行民事訴訟和出庭的行為人。
5. 法國政府承認里昂大學使用聖·伊雷內堡，租金1法郎，租約將隨後簽訂；如該協會解體，聖·伊雷內堡將按租賃條例，返還出租人。
6. 中法大學的發起人將成為該協會的董事會成員，他們是：法方：M. Courant（古恒），E. Herriot（赫里歐），P. Joubin（儒朋），J. Lepine（雷賓），General Marjoulet（馬局來將軍），M. Moutet（穆岱）；中方：L. Kao（高魯），Y. Y. Li（李煜瀛），Y. B. Tsai（蔡元培），Z. Y. Tsu（褚重行），C. M. Wang（汪兆銘），C. H. Wood（吳稚暉）。
7. 中法大學將設立一個榮譽委員會，由對該大學做出傑出貢獻的人士組成，建議名單如下（從略）。

該協議上報里昂市政府，於1921年8月3日獲批入檔（見下圖右頁最下部）。

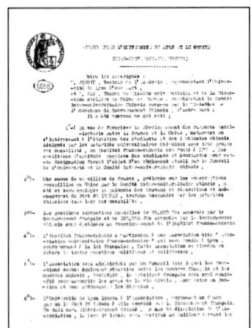

1921年7月8日簽訂的「里昂大學與中國大學聯合會之間的協議」（法國里昂市立圖書館）

與此同時，協議中所確定的在里昂聖・伊雷內堡的建校工程，在中方代表褚民誼負責謀劃和督導下，自1920年7月起動工，經年來的努力，至1921年夏基本竣事，招生入學的工作，遂提上了日程，由時在國內的吳稚暉負責組織實施。里昂中法大學協會的成立以及中法雙方聯合辦學協議的簽訂，為在法國創辦第一所中國大學鋪平了道路。褚民誼立即於次日（1921年7月9日）晚，修書致吳稚暉（「臺黨史館」稚07292，見下圖），除稟告成立大會的上述情況外，還涉及校舍建設、招生以及經費等諸多問題，信中謂：

　　「大寄宿舍早修好，其中兩層均預備好，第三層明年再講。每層有房十八間，每間有床四、椅四、衣櫥二（各人一半）。書桌一，甚大，可容四人，中間有板隔斷，一則可以陳書，二則可以各自用功，而不相擾，即遂先生所指揮而做也。（每層可住七十二人，故現在可收百四十四人，然第一次，還是少來為妙）儒朋、愛友（赫里歐）諸君看了新修好的房，讚賞不已，以為里昂各校皆不及，即先生來亦認他不得了，居然是一座新房！」

　　他在談及正在為李石曾爭取往返船票事宜後說道：曾於十二天以前（6月27日）向先生發去經由廣東政府轉交的如下電報：「吳稚暉鑒，石公（李石曾）信悉，競公（張競生）捐款八萬感謝。減價船位約計百座，得復再電。房屋竣工，現僅敷百人之用。除助款十七萬五千法郎（中政府十萬，法政府七萬五千）外，預算學生每月應交學膳費約二百法郎。校役擬用法人，較易調度。國內招生勿以一隅為限。招考章程應國內外一律。請國內招八十，在法招二十。擬有定章郵寄，並詳原委。高、褚（高魯和褚民誼）」。褚民誼隨後補充

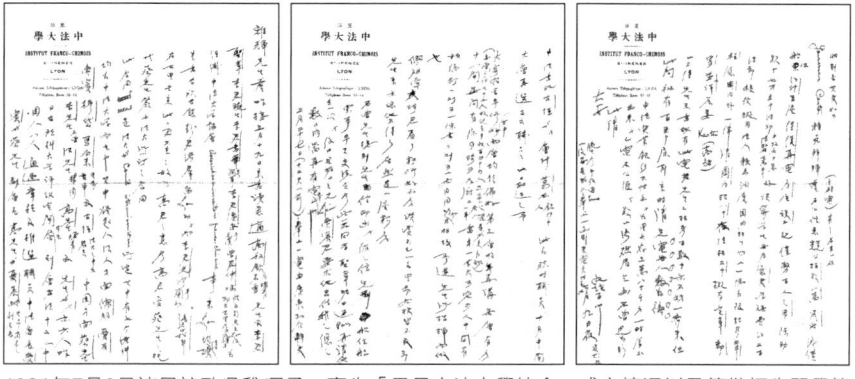

1921年7月9日褚民誼致吳稚暉函。稟告「里昂中法大學協會」成立情況以及籌備招生開學等事宜（「臺黨史館」稚07292）

第四章　海外大學，創立里昂

說道:「以不得先生書,故有此電。若先生已招考百數十,亦不妨一齊來。但此間祇有百五十床耳。來時請先電告人數為禱。」

關於最近的經費問題,他提出,由於中法實業銀行一時無法支付里大三萬八千法郎的存款而告急,已去電李石曾要求匯款,以濟燃眉,亦希吳氏協助去函石曾。最後他以下述附言結尾道,「以後每星期六奉上一函,到來電時為止」。從該信中可以窺見,當時褚民誼、吳稚暉、李石曾等人,為里昂中法大學的招生開學事宜,分別在國內外緊張忙碌情景之一斑。

第二節　中法友誼,譜寫新篇

「猶憶校舍落成於民國十年(1921)八月」,褚民誼在《歐遊追憶錄》[1.24]中回憶道,「吳先生於九月底攜學生百余人來法,於十月十日開學。迄今回思,當時盛況,猶在目前。」里昂中法大學的建成和首批新生入學,受到法國各界的歡迎和重視。《里昂生活》雜誌(La Vie Lyonnaise)於1921年12月10日第67期上,以「中法友誼」的醒目標題,載文祝賀里昂中法大學開幕,並詳細介紹該校的情況。文中盛讚,這是法國與遙遠東方的偉大共和國及其知識界之間友誼的最好見證,開幕這一天將為此而載入史冊。下圖是該文的標題,以入學新生在大禮堂(圖中右部)的門前集合為背景,站在他們中間的有校長吳稚暉(1),副校長褚民誼(2)和秘書長曾仲鳴(3)(圖中的數字是作者所加)。後頁右上是褚民誼和部分師生,在新建學校大門前的合影。

「中法友誼」—祝里昂中法大學建成開幕(《里昂生活》雜誌 La Vie Lyonnaise, No.67, 1921, 12, 10)

里昂中法大學的首屆學生，從中國的北京、上海和廣州三地招考錄取。據《申報》1921年8月5日報導，計畫三地共招生一百六十名，由於當時的廣東省政府給予學生優惠的官費資助，報考人數超過名額數倍，故一次招足六十人，均為特待生。然而，北京和上海兩地則未招足額。所招的學生中有十餘位女生。三地學生在香港匯合，同登法國郵輪博多斯號前往法國馬賽港轉道里昂，由該校發起人之一的吳稚暉帶隊，其他人如李石曾因病，汪精衛因廣東省教育廳的公務繁忙，而未能同往。

新落成的里昂中法大學校門前。最右邊者為褚民誼[1.24]

　　當時法國自歐戰結束以來，民生凋敝、經濟竭缺、工廠倒閉、工人失業，致使很多中國勤工儉學生，特別是自1920年以來到達法國的上千名學生，經濟上陷入困境，情緒上也不免出現波動。為了能繼續留在法國，不少人寄希望於從官方得到資助。1921年8月，里昂中法大學聖‧伊雷內堡的校舍被裝修一新，很受他們矚目，期望在此可以找到一條出路，吳稚暉一到馬賽即派代表前往交涉。吳氏既是勤工儉學運動又是里昂中法大學的發起人，他明確表示，里大辦學早有宣告，其目的是為了盡快造就高等人才，與勤工儉學宗旨不合，把兩者糾纏起來，未免有所謬誤。通過多次商討，吳稚暉提出，勤工儉學生中希望入學的，可以按國內新生的同樣條件，作為免費的特待生，增補尚存的二十個缺額。至於勤工儉學生目前的經濟困難，則需另外設法籌款。然而對方卻堅持勤工儉學生全部入學的要求，打出了所謂「爭回里大」「不能承認部分解決」等口號。由於到法勤工儉學生中良莠不齊，這樣的全盤解決方案，無異於把這所大學變成一個混雜的收容所，不僅與里昂中法大的辦學方針不符；而且，由於學校的經費有限，年僅十余萬法郎，即使全部用來平攤救濟，也只是杯水車薪，難以解決問題，這種方案顯然無法接受。與此同時，部分勤工儉學生在國內學生登岸法國之前，迅速趕到里昂，採取了強行佔據校舍的過激行動。為了維護秩序，法國警方把他們強制押解出校，從而發生百餘名勤工儉學生被扣留和強行遣返回國的不愉快事件。有關情況當時從法國先後發回的通信中都有詳述（見《申報》1921年11月12日和24日）。1921年9月25日國內新生順利進入里昂中法大學聖‧伊雷內堡校園，《里昂共和國日報》（Lyon

Republic Daily）於次日專題報導了這個消息（見右圖，其中之左上圖標注：1-吳稚暉、2-褚民誼、3-曾仲鳴）。後頁上圖是建於聖‧伊雷內堡的里昂中法大學之新貌。

　　法國里昂市立圖書館編制了一份「里昂中法大學學生名錄」，給出了從1921年建校到1946年結束的25年間，該校全部註冊學生的名錄。首批新生從1921年10月3日開始登記，到10月6日為止，共計127人，包括女生14人。他們來自全國各地的14個省，其中廣東70人，江蘇19人，河北11人，浙江6人，四川5人，安徽3人，湖南、湖北、河南、廣西和貴州各2人，福建、山東和江西各1人。此外，年底前還報到了11位男生。有一篇來自法國的〈里昂通信〉，刊登在1921年12月25日的《申報》上，介紹開學近來的情況甚詳如下：

來自中國國內的新生進入了里昂中法大學聖‧伊雷內堡校園（《里昂共和國日報》Lyon Republic Daily 1921, 9, 26）

　　「校中共有男生一百二十人左右，女生十四人，寄宿舍、膳堂隔開。上課系男女同班，共分七班。教員十五人，多為中學高級教授或大學文科教授。現先預備法文，明年升入正科。

　　百餘人同住，每恐講中國話之時太多，故特請法人來校為舍監，以為學生練習法語之用。此外又有練習法語之留聲機器二架，每日飯後開唱，學生坐聽，亦甚有益也。校中設備甚美潔，第一層有飯廳，每間有十六桌，每桌坐6人。再過有遊戲室、談話室、閱覽室，室中掛有美圖，旁附解釋，以為學生默記單字之用。再過為吳稚暉先生辦事室。再過為講堂，共有七所，旁有試驗室，再過為浴室。第二、三、四三層皆為寢室，每層有房十八間，每間住二人或三人，室中陳設甚雅致。每層有洗面室二所，廁所一。建築極佳，較之上海洋式客棧，有過之而無不及者。第二層尚有藏書樓二所。

　　校中規則由學生自定，每日六時半起，晚十一時熄燈，就寢時間隨意。每日七時食早餐，十二時午飯，下午六時半晚餐。所食系中國廚，口味佳，有湯一，肉或魚一盤，菜一盤，系用分食法。廚房甚大，亦極清潔。廚子系中國人。廚房與飯廳地位高低不同，故運送食物，皆用升降機。轉遞食品，亦用

大門 　　　　　大禮堂 　　　　　　　　男生宿舍

女生宿舍 　　　大禮堂內景 　　　　　食堂

里昂中法大學校園新貌（法國里昂市立圖書館）

小輪車，便當且省時。故校役不多，而照拂尚周到也。校中辦事人，除吳老先生外，尚有褚重行、曾仲鳴二先生。「褚曾二人學問道德，久為旅法同學所佩仰，為人亦溫和可親，辦事甚勤。一面辦事，一面尚研究學問。與諸生時時接談，親如兄弟朋友。」

　　下圖是吳稚暉與褚民誼和曾仲鳴在校長室內的合影。後頁數圖是褚民誼等人在此期間工作和生活的掠影。

里昂中法大學的管理者們在校長辦公室內。校長吳稚暉（中），副校長褚民誼（右），秘書長曾仲鳴（左）（《里昂生活》雜誌」La Vie Lyonnaise，第67期，1921, 12, 10）

第四章　海外大學，創立里昂

1921年10月10日里昂中法大學開學典禮時，褚民誼（左1）、曾仲鳴（左2）與里昂市長（後曾任內閣總理）赫里歐（左3）等法國貴賓在校園內羅馬導水穹隆遺跡前的合影

吳稚暉（左2）和褚民誼（中間牽狗者），在里昂中法大學校園內與學生們生活在一起

褚民誼（後左2）和古恒（後右2）共同作為證婚人，出席里昂大學中國留學生高先生和莫女士（前中）的婚禮。男女相儐均為里昂中法大學的學生（《全里昂》週報，Le Tout Lyon Weekly, 1924, 4, 6）

1922年9月4日曾仲鳴與方君璧（前中）結婚于法國安納西湖畔。吳稚暉（後左3）和褚民誼（後右2）為證婚人，他（她）們的姐姐曾醒和方君瑛分別坐在左右兩旁

　　里昂中法大學是中法兩國共同努力的結晶，除了里昂大學醫學院院長雷賓教授，擔任里昂中法大學協會理事長，作為法人代表，起重要作用以外；法國中文教授古恒先生，長期為里昂中法大學盡力，可謂功不可沒。古恒（Maurice Courant, 1865-1935，見後頁左上圖）是一位中國通。早於1900年，為了適應當時法國和中國之間日益頻繁的商貿交往，在他的負責下，於里昂市貿易宮的里昂工商會內，最先在法國開辦了中文課。嗣後，於1913年他被里昂大學聘請為全法國第一位中文教授，在文學系任教。1920年以來，他與褚民誼密切合作，為籌建里昂中法大學而積極奔忙。兩人均作為里昂中法大學的創始

成員任該協會的董事,並分別被委任為「里昂中法大學協會」的法方和中方秘書長。該協會是學校的最高管理機構,其全套會議紀要現保存在里昂市立圖書館內。兩人作為中法雙方具體工作負責人,參加了歷次會議,並與當時的協會主席,三人聯名簽署會議紀要。里昂中法大學開學後,褚民誼曾任副校長,不久離開里昂,赴斯特拉斯堡醫學院繼續學業。古恒則一直以秘書長身份,代表法方參加學校的管理工作。此外,他還肩負教學任務,以嚴格要求(甚至苛刻)著稱。1928年褚民誼再度赴歐重訪里昂中法大學時,將個人肖像贈送給這所他曾參與創辦的中法大學(見右下圖),同時還特意將個人的肖像,鄭重地簽名贈送給古恒教授(見右上圖)。與此同時,里昂中法大學的其他兩位創始人,蔡元培和李煜瀛也各以他們簽名的肖像,惠贈古恒先生(分見左下兩圖),以感謝他為里昂中法大學做出的傑出貢獻。上述諸肖像現均珍藏于里昂市立圖書館,留傳了中法兩國文化界之間的深厚友誼和親密合作。

左:古恒教授,里昂中法大學協會法方秘書長
右:褚民誼贈古恒教授的肖像,1928, 7, 17

左:李煜瀛簽贈古恒先生的肖像
中:蔡元培簽贈古恒先生的肖像
右:褚民誼贈里昂中法大學的肖像(圖中左下角:漢文簽書「褚民誼贈」;右下角:法文簽書「贈里昂中法大學,褚重行,1928, 7, 17於巴黎」)

第四章　海外大學,創立里昂　105

褚民誼對西方先進醫科的學習孜孜以求，為了挑起籌建里昂中法大學的重擔，他毅然中斷了行將結束的學業，於1920年從波爾多移居里昂。在此期間，他還抽空繼續在里昂大學醫學院肄業。現在大學既已建成，學校教學也基本步入正軌，他便於1922年底辭去副校長職務，告別居住了兩年的里昂，轉到斯特拉斯堡醫科大學繼續深入研學。吳稚暉和曾仲鳴也先後離開，由李石曾繼任校長。相當長一段時間以來，校務實際上由秘書長劉大悲（劉厚）駐校維持，並得到謝次彭和謝東發的時常幫助。那時原從巴黎遷到都爾的中華印字局也搬進了里大，繼續發揮作用。

　　里昂中法大學的進展頗受國內矚目，其近況時有見諸報端。《申報》曾於1930年9月30日載文〈里昂中法大學近聞〉，介紹了該校學生的學業情況，謂里昂中法大學自1921年創辦以來，「為時不及十載，先後收錄之學生，尚不滿三百，然綜其成績，頗有可觀。計自開校起，迄至今日，學生已考得博士學位者共39人（理科15人、人文科9人、醫科6人、藥科2人、法科7人），已考得碩士學位者30人（理科27人、文科3人），已考得工程師學位者28人（工科12人、化學6人、電機7人、礦學、製革和造紙各1人），已在各校考得之高等文憑計36張，高等證書計176張，在美術學校、建築學校和音樂學院考得之第一獎金計26次，獎牌及獎狀計60次，又曾在巴黎多藝學校畢業者1人，三錫陸軍學校畢業者2人。凡此結果，系就其可以計算者而言，至於各同學所作之特種研究，在法國國家博士會報告者及其個人著作在各種專刊發表者，尤難悉數云。」

　　目前法國里昂市立圖書館（Bibliotheque Municipale de Lyon）內設有中文部，收藏和整理了大量有關里昂中法大學的珍貴原始資料，包括當年里大圖書館內的大量藏書。除前述歷年的註冊學生名錄外，還編制了「里昂中法大學博士論文目錄」，以供查閱。據統計，自1921年開學到1946年停辦的25年間，里大在冊學生共473名，其中四分之一獲法國博士學位，其他人也都取得了學士、工程師或藝術方面的文憑。畢業後他們大都回國效力，以擔任教學和研究工作者居多，其中不乏一批著名的科學家、文學家、美術家、音樂家、建築家……等等。他們當年在法國的學習、研究以及活動的情況，大多在案可查。許多資料不但在該圖書館的網上公示；而且自2005年以來，該館還積極與國內外有關單位合作，以展覽會的形式向公眾展示。

　　2005年法國里昂市立圖書館與廣州圖書館聯合，於6月11日至24日在廣州圖書館內，首次舉辦了「里昂中法大學回顧展」，作為首屆中法文化交流年

在廣州舉行的一項重要活動。2010上海世博會（EXPO）期間，在浦西法國案例館內，作為推介法國「文化之旅」活動的核心內容，由法國羅阿大區旅遊局、里昂市旅遊局和里昂市立圖書館聯合，於7月6日至19日舉辦了「里昂中法大學紀念展覽會」。2012年正值慶祝辛亥革命一百周年之際，在原北京中法大學舊址內，由法國人在該處興建的「YISHU藝術8」機構主辦，在法國大使館以及里昂市立圖書館、中國美術館、中國社科院法國史研究會等單位的支持下，舉辦了「1912-2012中國·法國百年對話展覽會」，重點追溯了留法勤工儉學和里昂中法大學在中法文

2009年5月里昂中法大學舊址大門前。右起：褚幼義、P. Guinard 和王蘭

化交流活動中所產生的深遠影響。喝水不忘掘井人，在上述諸多活動中，法方主辦單位均盛情邀請里昂中法大學奠基人的後代出席。作者有幸一一應邀赴會，回顧和見證了先人們當年的業績。

「中國在海外的第一所大學－里昂中法大學」的創辦，在中法友誼的歷史上書寫了不可磨滅的光輝一頁，里昂市政府將該校舊址聖·伊雷內堡列為「里昂古跡」，如右上圖所示，其頒發的銅牌標識懸掛在其大門前的右側。2009年初，里昂市旅遊局與里昂市立圖書館合作，在該校園內設立了「里昂中法大學回顧展」，供人們參觀瀏覽。2014年中國國家主席習近平訪問法國，第一站3月25日到達里昂，即安排參觀該里昂中法大學舊址和回顧展。

2009年春，為收集當年的歷史資料，本文著者專程從北京前往法國訪問，於5月19日在法國里昂市立圖書館中文部，與其主任王蘭（Valentina de Monte）、里昂中法大學畢業生李樹化之女李塵生教授以及曾仲鳴之子曾仲魯一起座談。並於次日，在該圖書館副館長兼中文和古籍部主任吉納德（Pierre Guinard）先生和王蘭女士的陪同下參觀了里昂中法大學聖·伊雷內堡舊址和其內新陳列的展覽會，右上圖是三人在里昂中法大學門前的合影。參觀期間，著者拍攝了一組校園照片（見後頁下四圖），與前述該校創辦時的照片相比對，風貌依存。

這裡需要補充的是，為了籌措里昂中法大學的經費，曾寄希望於法國退還的庚子賠款，褚民誼等人以及法國諸友人曾為此作出努力。但由於歐戰後不

久,法國與中國政府合資在華經營多年的「中法實業銀行」瀕於倒閉,法國政府決定首先將庚款用於該銀行的復業,而未能如願。褚民誼在法國政府作出該決議的前後,分別於1922年1月14日和28日從里昂致吳稚暉的信中著重談論了這個問題。(「臺黨史館」稚07310和07307)

前函是他擬去巴黎運動庚子賠款時所寫,信中道:「我們的計劃書請光宇兄書寫好,再譯成法文後,弟去巴黎運動庚子賠款。石曾兄處已有電去,然無電來。弟想請他來,他的運動手段可以對付韓某先生,有什麼意見,請快告,好。」

後函則遺憾地告知法政府的決定,謂:「救濟銀行案昨日下午在下議院通過,民(自稱)與陳和銑、鄭毓秀二君同去,法政府決以庚款為救濟實業銀行,以小部分充教育經費,然未知何日可得此數。因法內閣言(對穆岱、愛里屋(赫里歐))先得銀行復活,保存法國信用,然後做教育上事業。如此看來教育費要等到銀行發財才可到手。」爭取庚款的努力因而擱淺。

原大禮堂－現餐廳

原男生宿舍－現學生宿舍

原女生宿舍－現辦公樓
里昂中法大學舊址現貌(2009)

羅馬引水渠穹窿遺址公園

褚民誼嗣後於1934年在《寰球中國學生會特刊》上發表的〈十年來之庚款補助文化事業運動〉[1.32]一文中，對於法國庚款之退還運動概述如下：

「一九二一年十一月杪，庚款因參戰緩付五年滿期，我國人士多起而作退款運動，並先在法國創立里昂大學，以為初步之發動。適法政府有決定『中法實業銀行』復業之計劃，擬將庚款餘額全數退還以救濟之。至一九二二年六月由法使提出節略交與前北京政府外交部，幾經討論，雙方始同意訂立協定，規定將此款撥充改組『中法實業銀行』及辦理中法間教育事業之用。其後法政府又要求將此款改照美金元交付，爭執甚久，輿論亦譁。延至一九二五年北京政府與法使始成立協定，決定撥法庚款以恢復『中法實業銀行』，未及教育。嗣由教育界力爭，乃允每年撥出美金二十萬元辦理中法間教育及慈善事業。年來處理此項庚款之『中法教育基金委員會』，補助中法文化機關甚多，如『上海中法工學院』『法國里昂中法學院』『天津海軍醫學校』『天津法國高等商業學校』『巴黎中國學院』『北平中法大學』『上海震旦大學』等莫不受其賜矣。」

此外，如前所述，里昂中法大學的首屆學生，從中國的北京、上海和廣州三地招考錄取。當時在孫中山大元帥領導下的廣州政府對錄取的留法學生實行全額官費資助的政策，一次在廣州招足六十人，粵籍學生幾乎撐起了半壁江山。褚民誼留法獲醫學博士和藥劑師學位回國後，於1925年2月4日被任命為廣東大學代理校長，緊接着又於2月6日大元帥令，將里昂中法大學海外部依照原案定為國立廣東大學海外部之一進行管理。[3.75]學校對「國立廣東大學里昂中法大學海外部」十分關注。曾在《廣大週刊》[2.8]第42期（1926，3，8）上，公佈了該校學生學年考試成績一覽表和學生歸國一覽表。為解決留法學生經濟上的窘境，在褚民誼校長主持下，於1926年2月27日第68次校務會議上做出了，對海外部的公費生「由本校增加每月每人津貼費五十法郎，自三月起每人匯寄一百五十法郎」的決議（[2.8]第43期，1926，3，15）。接着在[2.8]第55期（1926，6，7）上刊登了里昂海外部同學會于4月初發出的來鴻，報告近況，並寄來了該同學會及其委員會的章程。信中略謂「自廣東大學成立，劃定里昂海外部為廣大海外部之一，付託里昂中法大學，辦理留學一切事宜，規定留學章程，月給學生學膳費四十佛郎，津貼費一百佛郎。最近因法國生活程度加倍增高，物價竟有三四倍於前數年者，乃由本年三月份起，津貼費改為一百五十佛郎。一年之間，粵款源源寄到，中法大學漸臻完善，海外部亦無復如前

之時，陷入經濟恐慌狀態。」此間同學乃得從容向學，潛心研求；並對於救國運動，盡力聯合旅歐各華人團體，共同奮鬥，求國際間誤解之消除，努力前進，期無負我政府及學校當局創辦維護海外部之熱誠云云。（詳見第三篇第一章之第二節「兩度應命，擔綱廣大」和第三節「整頓革新，引領奮進」）

　　1927年北伐勝利國民政府奠都南京後，褚民誼即被任命為中法兩國政府在上海合辦的「中法國立工業專門學校」校長，並於1931年將其創辦成為我國第一所獨立的工科高等專科學校「中法國立工學院」，由他擔任中方院長兼訓育主任，直至全面抗戰爆發後的1939年（詳見第三篇第九章之第一節「辛勤耕耘，中法工專」）。與此同時，他還於1929年在該校院內創立並長期執掌「中法大學藥學專修科」，填補了當時我國缺少藥學專科學校的空白（詳見第三篇第七章之第五節「醫藥並重，培植人才」）。

　　褚民誼學成歸國，繼續努力促進中法文化教育事業，這將是後話了。

第五章　力促華絲，重振旗鼓

　　絲綢自古以來是中國向西亞及歐洲出口的大宗商品，有「絲綢之路」之稱的內陸古商道，即以此命名。上海自1843年開埠以來，一躍而成為我國最大的絲綢原料出口市場，其絲貨主要產自江南一帶，而以在南潯鎮西南七里村生產的蠶絲，質量最優，稱為「輯里絲」（或「七里絲」），享譽國內外。後來則將南潯和震澤等江南一帶的絲經，泛稱為輯里絲。然而其生產長期以來沿襲的是千百戶小農分散手工操作的方式，繅製所得的土絲，雖然光澤優純，但存在斷頭多、粗細不勻等問題。據〈萬國絲綢博覽會與中國絲業〉（周德華著，《絲綢》1996年第1期）一文中報道，「近代我國絲貨出口以江浙一帶的白土絲和白絲經為主。但由於手工繅製的固有工藝缺陷，與國外日益發展的機織工藝不相適應，在海外市場上漸不敵洋絲。1901年白土絲、白絲經出口27,270公擔，至1920年降至7,151公擔，僅及1901年的26.22%。」本世紀初，我國的白土絲和白絲經的一半以上（約六成）輸往美國。傳統的華絲與新崛起的日絲，在美國市場上，競爭激烈。據統計，從1880年到1890年，輸入美國的中國絲貨，從67.94萬美元降低到37.27萬美元；而輸美日絲則從35.46萬美元，劇增至132.77萬美元。1912年美國工商部報告，日絲輸美為華絲的4倍餘。至1920年

1921年出席「紐約第一次萬國絲綢博覽會」的中國絲業代表團。左起前排：畢康侯、王明軒、丁汝霖、顧心之、梅仲洼；後排：張鶴卿、李登魁、徐錦榮、吳申伯。[3.3]

日絲佔美國輸入絲總值的77%，而華絲僅佔18%。這種銳減的趨勢，激發了我國業內有識之士，面向世界、力圖革新的緊迫感。與此同時，美國原使用華絲的廠商，為抵制日商對市場的操縱壟斷，亦有扶植華絲改善品質的意向。1921年2月7日至12日在美國紐約大中宮舉行「紐約第一次萬國絲綢博覽會」，我國首次應邀派代表團赴會展出。中國絲業代表團，如前頁下圖所示，由來自上海的絲商丁汝霖、吳申伯、徐錦榮和李登魁，山東的絲商代表顧心之、王明軒，輯里絲代表張鶴卿、梅仲洭和畢康侯，共計九人組成，另有譯員留美學生裘昌運。除參展外，代表團還先期於1月12日到達美國，於展會前後開展一系列參觀訪問活動，深入瞭解美方對華絲的意見和質量要求，期間還對中美聯合在上海設立生絲檢驗所，達成了初步協議。清末民初時期，浙江南潯一帶絕大部分以稱為「輯里干絲」的手工繅製的土絲出口。右上圖是現存南潯區檔案館內，1921年輯里絲商在上述萬國絲綢博覽會上展出的一絞「輯里干經」展品。[22]

1921年輯里絲商參加美國紐約萬國絲綢博覽會的干經展品

　　長期以來作為中國通往歐洲「絲綢之路」終點的法國第二大城市里昂，是法國最大的絲織中心。中國絲業代表團訪美結束後，除梅仲洭和譯員裘昌運先期返國外，其餘八名成員於2月20日乘船離美赴法，3月7日經停巴黎抵達里昂，參加在那裏舉行的「里昂萬國貨樣展覽會」，拜會法國絲業總會，並參觀訪問當地主要絲織廠家，瞭解對華絲，特別是對輯里絲的意見和要求。由於代表團中的成員徐錦榮咯血病重，提前於3月25日從馬賽港乘輪返國。中國絲業代表團這次赴歐美參展訪問，是我

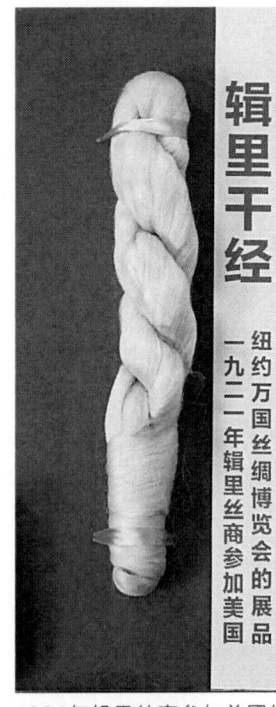

「紐約第一次萬國絲綢博覽會輯里絲業代表團」於1923年編輯出版的「紐約第一次萬國絲綢博覽會輯里絲業代表調查報告彙錄」[3.3]

---

[22] 土絲干經可以通過搖經戶復搖整理，將粗細、色澤分類，接好斷頭，剔除毛刺等糙類，所得的經條為介乎繅絲與機繅絲的中間體，其間耗絲約達10%之多，明顯地增加了成本。

國絲業打破封閉,走向國際的重要開端。回國後,如前頁右圖所示,由「紐約第一次萬國絲綢博覽會輯里絲業代表」於1923年編輯出版了《紐約第一次萬國絲綢博覽會輯里絲業代表調查報告彙錄》[3.3](以下簡稱《輯里絲代表報告彙錄》)。

褚民誼出生在蠶桑之鄉的南潯,家鄉的養蠶業早已植根在他心中。在他嗣後離鄉出國的游學期間,正如〈家訓彙疏考〉[1.60]中所述,在其父的來鴻家書中仍不斷地向他講述家中的蠶桑養殖情況。「我鄉七里白絲出洋,銷售歐洲法意各國為最早。」張鶴卿在《輯里絲代表報告彙錄》[3.3]中,為振興絲業致函政府的信中呼籲道,「法國生活程度日高,前年日本產出各絲日多,以是七里白絲,非惟跌其價格,而且日見呆滯。」身在法國的褚民誼,目睹家鄉絲業在國際市場上的每況日下,憂心忡忡。我國絲業代表團1921年訪問里昂期間,正值褚民誼為負責籌建里昂中法大學而移居該市,便責無旁貸地竭盡綿薄之力,全程陪同輯里絲業代表,協助處理諸多境外事務,力圖促進華絲在國際市場上重振旗鼓。在該書[3.3]中,刊登了輯里絲業代表負責人、江浙皖絲經同業總工會理事張鶴卿的「赴法日記」。日記詳述了代表們從2月20日離美赴歐直至返國期間的活動情況。其中,褚重行(民誼)在里昂期間的熱情接待和大力協助多有記載,摘其要者如下:

絲業代表團一行八人在大西洋上航行十日後,於3月2日到達法國碼頭即轉火車直至巴黎,有我領事館及申商總會等人員到站歡迎。在巴黎逗留數日,期間拜會陳籙公使和廖世功領事,並擬定了向法國綢廠調查有關七里絲質量和要求的咨詢函,以及致領事館轉達政府「請免去經捐減輕絲稅以維絲業」的函件。

日記中稱,7日上午從巴黎乘火車於「午後四時到里昂,褚重行君及金君等在站相接,即迎至旅館。「先在鐵路飯店用茶後,即至會場參觀,然後回寓。皇甫[23]君同來,即同室居焉。晚褚君邀中國飯館夜膳。」次日到會場參觀並佈置展品,期間至總商會謁會長。其後數日在展覽會會場活動。後頁上圖是刊登在該報告[3.3]內,中國絲業代表團在法國「里昂萬國貨樣展覽會」中國館外與中法商界人士的合影,褚民誼與輯里絲代表張鶴卿和畢康侯等人位列其間。

11日由百司洋行主人奧地納陪同至倍而脫紡織廠參觀,日記中稱,「此廠出品甚多,有棉織、有假絲織、有生絲織。新發明一種輕綢,織出各色花。

---

[23] 皇甫穉園簡稱皇甫,是張鶴卿在滬之故交,時駐巴黎行商。

1921年中國絲業代表團在法國「里昂萬國貨樣展覽會」中國館外與中法商界人士的合影。褚民誼位於右8，輯里絲業代表張鶴卿和畢康侯，分別位於褚君之左1和右2[3.3]

「此市上未有，如無此新法輕綢，不能織顯花也。尚有最複雜者數種……心工極巧，有勝美國人多多矣，晚與褚君談此事。據云花係另用小梭手工加織的。又云，市立一校，專研究打樣繪圖，以冀新式出，生意好。今看之新式綢，有一種，前每碼僅售三十法郎，現漲至一百八十法郎，其綢極輕。昨織業宴會，承該商評瑞綸、永泰及吾號緯成出品為優。」

這次在里昂舉行的萬國貨樣展覽會，受到法國政府和有關各界的重視。12日陳公使和廖領事自巴黎來，受到我團的歡迎。13日下午法總統到里昂，法商會請總統，我等絲代表亦均邀請同去赴宴。14日「賽會場請總統，余亦赴宴，是日到會一千餘人。」張鶴卿寫道。

15日上午，約同陳公使、廖領事、褚、齊、彭諸君到某織廠參觀，該廠係織帶居多，綢布機少數。午後到里昂機器會場看紡織及試驗機器，即買一會場目錄，內有機器公司地址，可以去看各種機器。

16日上午至會場收拾陳列絲樣，分送絲會、百司洋行機織機關和中法俱樂部，並探徐錦榮病，很為擔憂。下午送陳公使回巴黎。

17日上午曾至瑞士商業機器公司探問紡絲機器，據云需約一星期再復。下午與百司洋行約談，「其意只要價賤，條文不匀，反不太注意。想有搖工可能紡開乎。詞意做交易，與廠絲比較，尚嫌價昂。「晚褚君同上山，協和館晚膳。」

　　18日「上午與褚君到絲會見會長開而辣安君及其子。據云，承送之絲，亦不陳列，當拍賣以濟戰死沙場之絲商家屬。張氏謂，「余因想買行名簿及絲業專書，同皇甫至藏書樓，陳閱均係舊書，不合新近目的。出至各書店，據云係巴黎出版，此間售罄。專書亦無，殆為慎守秘密之故歟，悶悶。吳仲伯君來言，徐君病勢甚重……向輪局商改行期。」

　　19日，「今日雨，上午同褚、畢二君出外……又至機器公司問紡絲及試驗機器，無陳列，未果。「下午至街市，有書店，請褚君問行名簿，當買歐洲各國絲織商號地址一本，甚滿意。」

　　20日上午與百司洋行接洽看搖七里絲。下午往問徐君病，並至醫院，勸靜養勿燥。後送皇甫君回巴黎。次日百司洋行來電話，定明日看搖七里絲。

　　22日，「七時，褚君至。越半時，百司洋行友龐痕雇汽車到寓，即與畢、褚、龐三君同車至車站。八時餘乘車，近十一時抵奧古奇地方，下車用膳。雇汽車過羅馬古戲園，旋至白屋尼地方。「到後即至培依絲織廠。該廠紡線為大宗，各式均有，內有一種，如象線式，係彼發明，織上等綢用。此線原料絲，日本亦有之，廠絲、灰經、黃絲、意大利絲均用之。吾幫之七里絲，以前為大宗，現因條紋不匀，漸漸改少。七里絲紡法，先亦上絡絲機，卷於木管後，再上一機，軋去其糟。至於條子不匀，亦無法耳，故只能以大略揀開拼線而已，織綢不合用也。參觀畢，該廠主人請飲酒點，當討論七里絲經之改良門徑。由褚君攝影而別。乘汽車至奧古奇夜膳。八時乘火車回里昂，到時已近十二時矣。是日車膳等費均龐君付，甚為感激。」

　　23日，經商定，決改票於25日啟程歸國。遂「雇車到各絲織商處辭行。余想買分頭機，一時難覓其店。今問賤盎君（百司洋行之友人），據說，最好到意大利買，貨有，划價在一千數百方，天平數百方。」晚到一大餐館，約褚君同去，「言明踐畢君與余明日之行，把酒暢談，十分莫逆。」張君寫道。

　　24日「下午四時至車站，擬赴馬賽。（絲會）德狹依君先交來二信，係介紹申地洋行，擬托褚君到意大利買搖重量機及天平各一具，致信皇甫稺園君，如買就請匯付，由申（上海）交付申公司，並告其今日赴馬賽」等云。「站上

買票上行李,均承褚君招待。前曾請其同至馬賽,故今日同行,四時十五分開車。」到馬賽已十時零,即入住事先定好之旅館。

25日「早起,將護照請舍佛君到領事館註冊。褚君致電話馬賽領事館,擬往謁,因領事他出,不去。至某旅館會前代理駐法公使岳昭燏君,閒談片時而出。「褚君同去會他,以資聯絡。行李到輪埠,向取憑證,頗費周折。今幸褚君去辦,不致困難。得證後,坐馬車游行海濱。至意大利餐館午膳。又迤邐從海濱而至市街繞行一周,近四時到埠,與褚君握別,上杳特而來蓬輪船,褚君又攝影,作臨別之紀念。五時後開輪。」駛離港口,結束了訪法之行。

嗣後,褚民誼於1924年學成回國效力。北伐勝利後,在京滬任職。他在反對帝國主義經濟侵略,大力提倡國貨的同時,十分牽掛國產絲綢業的興衰。1928年11-12月首次在上海召開規模宏大的「中華國貨展覽會」,褚民誼多次應邀在會上發表演講並表演武術助興。期間於12月2日為湖州宣傳日,由湖社擔任全日宣傳,有同鄉褚民誼、陳其采、陳果夫等人出席,除文藝表演外,晚間還施放烟花,熱鬧非凡,參觀者達四、五萬人,大有萬人空巷之勢。會上「對湖州土產絲茶二業多有報告,希望國人加以助力,使能充分發展。」(《申報》1928,11,22;12,3)展會閉幕時,褚民於1929年元旦發表了〈對於中華國貨展覽會的感想和希望〉的演說,提出了取消不平等條約、關稅自主、提倡購買國貨以及努力改進生產等發展民族工商業的辦法。(《文集》[1.10])

此外,展會期間,褚民誼還從上海前往南京,拜訪時任國民政府行政院副院長兼軍政部長的馮玉祥。據1928年12月29日《時事新報》報道,「中委褚民誼氏,曾於本月念五日,偕其尊人杏田先生,及絲商邵如馨,同車赴京。曾於念六日訪謁軍政部長馮玉祥,暢談二小時之久,討論中國絲業問題,甚為詳盡。聞馮氏對蠶桑,將力加提倡,明年或將至湖州一帶參觀。褚等已於昨日返滬。」

那時我國的絲綢業,其衰落已處於岌岌可危的地步。在上海的江浙魯豫各綢緞同業於1929年7月間醞釀組織「中華國產綢緞上海救濟會」(簡稱「國產綢緞救濟會」),力圖挽救。8月6日成立常務委員會,推定王延松(商協綢緞業分會代表)為正主席、魯正炳(錢江會館代表)為副主席,積極開展活動。(《民國日報》,7,19;7,30;8,7)8月8日該會在《民國日報》上發表宣言,闡明成立該會之意旨。略謂,「絲綢之在中國,具有四千餘年之悠久歷

史，品質精良，堅韌耐久，不獨國人群認為無上服料，亦且馳譽域外為輸出品之大宗。「乃自日本越南諸地苛徵華綢，我國綢緞之輸出比例額既日形減落；而國人又復醉心歐化，喜新厭舊。」於是綢縿事業對外既失原有之尾閭，對內又受舶來品之喧賓奪主，遂至一落千丈，而且奄奄垂斃矣。僅就去歲一年中而言，江浙兩省綢廠之倒閉幾十之七八。直接間接，因而失業者，何止千百萬人，其他產綢區域，亦大率類是。本市同業，「爰由江浙魯豫各幫集合綢緞十三團體，組織本會，以圖救濟。惟茲事體大，端賴邦人君子，群策群力，共挽利權。所望認清洋貨呢絨嗶嘰與各種舶來綢緞，皆為帝國主義者，經濟侵略之工具，足以危害國產綢緞之本身，亦即所以吸收我中華國民之膏血，概應抱極大決心，予以痛絕。而對此具有歷史與價值之國產綢緞，尤應本良心主張熱烈歡迎，備極提倡⋯⋯國計民生實深利賴，豈獨同人之幸，抑亦整個中華民族無上之光榮也。凡我同胞，盍興乎來！」

8月12日晚，國產綢緞救濟會為擴大宣傳起見，宴請本市黨政軍新聞婦女工學商各界領袖。《民國日報》於次日報道，「赴宴者有張（岳軍）市長、潘公展、陳德徵、褚民誼、褚慧僧暨各區黨部代表、各局長科長及虞洽卿、王孝賫（曉籟）等四百餘人。席間由該會主席王延松致辭，並有張市長、潘局長、褚民誼、褚慧僧、王孝賫等發表演說。」各演辭分記於報端。

如前所述，褚民誼早在旅法期間，就深知華絲在國際上的困境。他在演說中重點闡述了重振中國絲業的根本之策，略謂：

「我國向來以產絲著，營業甚為發達，而今反亟亟圖謀救濟者何也。蓋中國之絲業早受制於日人。歐美各國現皆采用日絲，以其用新法繅製，絲身粗細均勻，極合上機織造之用。華絲之本質固較日絲為佳，奈因繅工不良，終不適用。故根本方法，惟有改良繅製，始可立足。至於絲織品，亦宜用機器織造，不特花色須加以改良，即門面亦宜加潤，俾便裁製。如能根本改良，則以華絲品質之佳，不難暢銷於國內外也。「當此經濟侵略迫於眉睫之時，大有亡國滅種之憂，深望製造者極力改進絲綢，消費者極力採購國貨，始可挽救云云。」

接著，《民國日報》於8月16日報道，國產綢緞救濟會「鑒於救濟之責任十分重大。一方面固應致力於消極的宣傳；一方面尤應注意於積極的改良。「該會為廣集賢才共圖挽救起見，特於第一次常務會議議決，聘請市長張岳軍為名譽委員長，褚民誼和虞洽卿為名譽副委員長，」各界領袖錢新之、王曉籟⋯⋯等數十人為委員。據《民國日報》（8，23）報道稱，上項聘書已於8月

21日發出。褚民誼接到聘書後，即於次日致函該會主席王延松，熱情表示「事關公益，不益固辭，敬當勉竭駑駘，仰副雅命。」該復函之原件，現藏上海檔案館（S230-1-87-19），並示於本書「褚民誼書法概覽」一節之末。

第六章　中國美術，首展歐洲

　　民國初期中國美術家大多留學歐洲，特別是在勤工儉學期間赴法國留學，比較著名的有林風眠、徐悲鴻、劉既漂、林文錚、吳大羽、方君璧、王代之等。在他們的發起和組織下，於1924年5月至7月，在法國斯特拉斯堡的萊茵宮內，首次在歐洲舉辦了「中國美術展覽會」。斯特拉斯堡（Strasbourg）位於法國的東端，與德國隔萊茵河相望，地處要衝，歷史上兩國曾不遺餘力反復爭奪佔領。萊茵宮就是曾在普法戰爭德國取勝後，在這裡建立起來的一座具有普魯士風格的德國皇帝行宮。德法兩國人民在該地區交往密切，兩種文化在此相互交匯，許多文化名人都曾居住此地，這也就是本次美術展覽選擇在這裡舉行的一個重要原因。

　　褚民誼於1922年底離開里昂到斯特拉斯堡大學醫學院學習深造。由於他在籌建里昂中法大學過程中的突出表現，在留學生中頗孚聲望；而他又是一個閒不住的人物，經常以歐洲留學生代表的身份出現，積極支持留學生的各項活動。在此期間，北大校長蔡元培因抗議北洋政府對北大的控制出訪歐洲，於1924年初到訪此地。蔡、褚二人對籌辦這次美展十分熱心，鑒於他們在國內外的名望，分別被推舉為展會的名譽主席和副主席。法國當地的政軍學各界也給予積極的支持，媒體更是爭相載文讚揚。1924年5月23日《斯特拉斯堡時報》（Latest News from Strasbourg）上熱情報導了中國展會的開幕盛況（見右圖），其上刊登了北京大學校長蔡元培和中國駐歐大學代表團代表褚民誼的畫像。文中稱「中國古代及現代美術展覽會昨晚隆重揭幕，蜂擁而至的觀眾幾乎將萊茵宮的展覽廳擠爆。觀眾抱有兩種情緒：一是讚賞古代美術作品和展覽廳的裝潢；另一不能不說是對眼前現代作品的驚歎。不過這只是第一印象，經過進

《斯特拉斯堡時報》（Latest News from Strasbourg）上報導「中國美術展覽會」開幕，刊登了蔡元培（上）和褚民誼（下）的畫像（1924, 5, 23）

一步鑒賞後，展現給觀眾的是難得一見的中國美術一直保持至今的活力。」

1924年8月16日上海出版的《東方雜誌》[2.1]第21卷第16期上，以〈旅歐華人第一次舉行中國美術展覽大會之盛況〉為題，發表了6月5日來自巴黎，署名李風的文章，對展會的籌備經過、開幕實況、展覽佈置以及國外反應等介紹甚詳。

文中報導「中國美術展覽會，發起於留法美術界同學，並聯絡留學德、比、英、意諸國美術界所協力組成。留法美術界有兩大團體，一名霍普斯會，專重美術學理之研究者；一名美術工學社，注重美術工藝之製造者。此次展覽會即由兩團體並聯合外界同志中推舉林風眠、劉既漂、林文錚、王代之、曾以魯等十人為籌備會員，主持其事。外間學界則多被邀請為名譽會員。正在旅居斯特拉斯堡之蔡子民校長及前里昂中法大學副校長褚民誼君，被請為正、副名譽會長，一致贊襄。其搜集作品與會務之籌備，實始於去年年底。其最盡力於其事業者為王代之、曾以魯、劉既漂三君。先由美術學會等捐金進行，至今年二月初才正式成立中國美術展覽會籌備委員會，向外發佈公啟，加徵作品。」

會場在萊茵宮（見下圖），其「外觀極為壯麗。宮內正殿，作為會場。分三大室：中廳陳列古代美術品，多圖畫；兩旁大廳，懸置近代作品，圖畫、雕刻、刺繡等均備。殿內外各處，均懸以極精美而新制之中國式燈彩，褚君民誼等自製。」應徵展品上千種，展會事前佈置一月有餘。

中國美術展覽會會址—斯特拉斯堡萊茵宮（1900年代）

1924年5月21日中國美術展覽會在斯特拉斯堡萊茵宮舉行開幕式合影。首排右起：斯特拉斯堡市長、中國駐法國公使陳籙、斯特拉斯堡總督、名譽會長蔡元培、斯特拉斯堡大學校長和劉既漂；二排右起：名譽副會長褚民誼和吳大羽；三排右起：曾仲鳴，鄭毓秀，林風眠和徐悲鴻；四排中為林文錚[2.1]Vol.21, No.16 (1924, 8, 16)

　　五月二十一日開幕，「下午四時，由蔡子民、褚民誼兩君邀請中法各界約八百人茶會，有演說，斯埠總督並致謝詞。是晚九時正式開幕。請我國陳公使和法國斯埠總督主席，各作開幕詞。」繼之，「籌委會宣讀謝詞，向法國方面斯埠總督、大學校長、美術司長；中國方面陳公使、蔡校長、王亮疇、褚民誼、鄭毓秀、蕭子昇、謝東發君一一致謝贊助。」接著進行中國音樂和合唱表演，「最後由褚民誼、王代之君等演戲法以助餘興，直至十二時始散。觀眾約三千人，全宮擁塞，不得其門而入者，尚不計其數。二十二日下午四時在會場內舉行中國美術演講會。」是晚八時由籌備委員會宴請中法政學界，蔡校長尤欣然發表學理之演說，以這次美展由中國在歐洲研究美術與研究科學的同學聯合經營為例，發揮其美術與科學可以調和，以及民族之間可以調和的精闢見解。

　　「二十三日午，由法國駐斯埠總督宴請中國政學界代表。

　　赴席者除陳公使夫婦及其隨員外，為蔡校長、王亮疇[24]、鄭毓秀、褚民誼、蕭子昇、謝東發、林文錚、劉既漂諸君。是晚八時，由陳公使宴請中法政學新聞各界約七十人。」展覽會定於五月二十一日開幕起，迄七月某日止。

---

[24] 王寵惠，字亮疇，是中國法學家，於1923年受北京政府的委派，出任海牙國際法庭正法官，當時正訪問法國，專程從巴黎前來赴會。

第六章　中國美術，首展歐洲　121

「斯特拉斯堡離巴黎七八小時火車，而此次開會。巴黎各大報幾無不刊登其事。至斯特拉斯堡內之德法各報，則尤連日滿紙，極口稱揚。其報館主筆在席間語吾人云，史埠報界一週以來，專忙於記載中國美術展覽會之事而已。於是華人之遊行於街途者，德法人遇之，無不致敬。有由斯埠回巴黎者，途間車停各埠，外人登車者，無不以斯埠美術會事相問，即此一端，亦可見其影響之非細矣。」

展覽會出版了《中國美術展覽會展品目錄專輯》[3.4]（見後頁圖），在封面和扉頁上標明，中國美術展覽會（EXPOSITION CHINOISE D'ART ANCIEN ET MODERNE），於1924年5-7月在斯特拉斯堡，由霍普斯會與美術工學社聯合舉辦。前者是在法國的中國藝術家協會，「霍普斯」是希臘神話中的太陽神，取其主宰光明、青春和藝術的含義而命名。展會得到法國斯特拉斯堡政軍學首長和中國駐法全權大使的贊助。書中首先登載了蔡元培用中文為展覽會親書的前言，以及褚民誼的法語譯文。譯文中蔡氏以前國民政府教育總長和美術院院長、國立北京大學校長、法國榮譽軍團指揮官勳位獲得者和紐約大學榮譽博士的名義；褚氏以國立北京大學通訊員和中國大學代表團駐法國和比利時代表的名義發表。目錄上登載了458件展品的明細，並給出某些展品的照片，其中的部分照片示於後次頁圖中。在該專輯的最後一頁上還附加說明稱：部分展品到達較晚未及登入；展會上的中國燈籠系由褚民誼製作和裝飾。

蔡元培對這次在歐洲舉辦的首屆中國美術展覽會寄予厚望，他在前言中從歷史和現實的發展上，充分闡述了「中西美術自有互換所長之必要」。他還在籌委會舉行的宴會上，對於「美是各種相對性的調和劑」發表了精闢的講演。科學家講嚴謹求真，美術家求自由愛美，他說道，「愛真愛美的性質是人人都有的」，只是各有偏重，「文化歷史上，科學與美術，總是同時發展。美術家得科學家的助力，技術愈能進步；科學家得美術的助力，研究愈增興趣。」這次展會「就是學術上的調和與民族間的調和。」也鑒於此，通過這次展會的活動，以及與各方面的協同努力，褚民誼在美術界播下了友誼的種子，從此建立起廣泛的聯繫。

本節中包括展會目錄專輯在內從法國方面得到的資料，是由意大利籍中國美術史研究者苈蘭（Francesca Dal Lago）女士等人提供的。

封面　　　　　　　　　扉頁

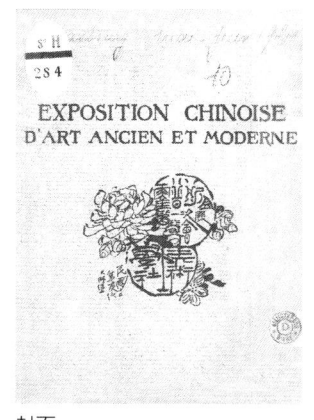

蔡元培手書中文前言

褚民誼的前言法語譯文
《中國美術展覽會展品目錄專輯》（原件現存法國國立美術史研究所圖書館）**[3.4]**

第六章　中國美術，首展歐洲　123

青銅罐，清代 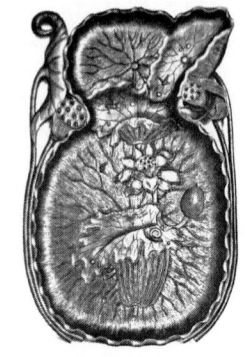　　　　　　　　睡蓮木雕，明代

佛像，元代　　　神駒，唐代　　　瓷瓶，明代

生之欲，林風眠繪 　　　　皇宮中的舞者，劉既漂繪
美展目錄展品選登[3.4]

第七章　醫學博士，論文解讀

第一節　鍥而不捨，終達宿願

　　褚民誼儒醫世家出身，自幼在父親褚杏田的啟示和期盼下，將學習西方先進醫學造福百姓，作為他孜孜以求的奮鬥目標，雖屢經中輟，而始終不渝。他最終在斯特拉斯堡醫學院完成學業，在該學院內至今保存著他留學期間先後在各個學校學習情況的檔案，包括註冊登記、學習課程、考試日期和成績等。

　　從1906年起他便踏上了赴歐求學的征程，在去法國途經新加坡時加入了同盟會，此後數年則傾全力投入革命宣傳，直至辛亥革命勝利。他在回國襄助國民政府成立之後，即重返法國開展儉學，於1913-1914年度在比利時佈魯塞爾自由大學醫科預備班學習，補充必要的自然科學知識。

　　不久歐戰爆發，他又於1914年回國參加討袁，而中斷學業。1915年9月三度赴法，10月14日巴黎醫科大學根據比利時自由大學出具的課程學習證明，承認他的中等教育學位，批准他進入醫學預科就讀。修業一學期後，因戰事緊張，他遷至都爾醫校繼續學習，於1916年6月22日獲得物理、化學和自然科學學業證書。

　　接着，他轉入波爾多醫科大學，從1916年11月6日起進入五年的醫學正科學習，歷經四學年，直至1920年7月12日，因籌辦里昂中法大學遷居里昂而中輟。在里昂期間，他在忙碌之餘，插班里昂大學醫學院，抓緊學習醫科第五學年的課程。

　　斯特拉斯堡是法國的一個重要的文化和教育中心，其中

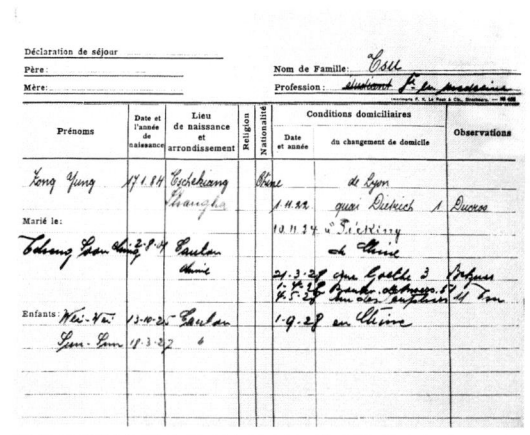

斯特拉斯堡市檔案館現存褚重行的「住所登記卡」。記錄了他的身份及歷次來該市的住宿情況

的斯特拉斯堡大學，歷史悠久，被認為是在巴黎以外最好的大學。褚民誼圓滿完成創辦里昂中法大學的使命後，到斯特拉斯堡大學醫學院攻讀醫學博士學位，他在法國學習的全套檔案現存於該學院內。按斯特拉斯堡市檔案館現存的「住所登記卡」（見前頁右下圖）所載，學生褚重行，1884年出生在中國浙江省，於1922年11月1日，從里昂來，入住在該市迪特里希碼頭1號斯特拉斯堡大學學生宿舍內。

按照他的志趣以及北京大學校長蔡元培的先期授意（見《北京大學日刊》[2.6]1920, 4, 9），他選擇組織學和解剖學作為主攻方向。1923年6月底，他修畢了博士學位所需課程，先後結束了醫療門診、臨床手術和產科臨床的實習後，進入斯特拉斯堡醫學院組織學研究所保羅・布安實驗室潛心從事研究。保羅・布安（Paul Bouin，曾譯稱保羅・博杏）是法國著名的組織學教授，曾從事卵巢黃體問題等開創性的研究，由於傑出貢獻，被授予法國榮譽軍團軍官勳位勳章。在他的指導下，通過近一年的悉心研究，褚民誼完成了題為《兔陰期變論》的博士論文工作，於1924年6月5日進行並通過了博士論文答辯，其論文

1924年6月5日褚民誼以優等成績通過博士論文答辯的評審報告（斯特拉斯堡醫學院）

答辯的評審會議記錄報告示於右圖。該報告的左上角標註了論文評審委員會的組成，主席布安（Bouin）及三位評委萬斯（Oncel）、奧龍（Oron）和貝羅克（Bellocq）。報告中稱：「我們全體委員對學院指定的褚重行先生進行面試。他的題目是兔陰期變論。我們對他的答辯很滿意，建議學院授予他醫學博士學位，成績優等。」最後是四位評委的簽名。在另一份法蘭西共和國的博士論文成績單上，亦由上述四位評委簽署一致同意給以「Trés Bien（最優）」的評定，並建議發表該論文，在各學院之間進行交流。

褚民誼的博士論文《兔陰期變論》[1.4]，由斯特拉斯堡醫學院出版社於1924年出版面世。如後頁上圖所示，該書別開生面地，在其正反兩面，分別以法文和中文發表了兩部分內容。前者主要是論文的研究報告；後者是對作者的介紹以及對論文的簡介和評論。該書可以看作是他近二十年來在法國求學生涯的一個圓滿總結，特別是中文部分，是針對國人編輯的，值得仔細研讀。這兩

褚民誼的博士論文《兔陰期變論》法文部分的封面（左）和扉頁（右）
[1.4]

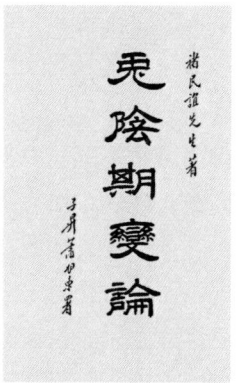

褚民誼的博士論文《兔陰期變論》中文部分的封面
[1.4]

部分內容的目次如下。

法文部分的目次：

自序

引言

第一章　泛論卵巢卵管子宮子廊乳房之期變

第二章　節錄哺乳動物陰道期變

第三章　說兔類陰道之期變

第四章　決論兔陰期變與其卵巢發育循環之關係與功用

插畫（7個彩版組織圖）

圖解

參考書目

中文部分的目次：

蔡元培序

謝詞

兔陰期變論題解

蕭子昇跋

中法譯名表

對於這本論文，蕭子昇不但親署書名，而且題寫了長達十四頁、四千五百餘字的跋。蕭子昇（1894-1976），名旭東，後又稱蕭瑜，湖南湘鄉人。1911

年入長沙省立第一師範,與毛澤東、蔡和森同校學習,曾有「湘江三友」之稱。1915年畢業,到長沙楚怡學校任教。1918年與毛澤東等人成立新民學會,任總幹事。1919年作為湖南青年的一位主要策動者,赴法勤工儉學,曾任華法教育會秘書,主張教育救國。期間短期回國,並於1922年再度赴法留學。1924年回國後,歷任中法大學教授、北京大學農學院院長、國立歷史博物館館長等職。

蕭子昇為褚民誼的論文題跋,文章起始,就開宗明義地寫道,「余交褚子既有年,每相見,未嘗不抵掌以論學;又或各舉所遇,以礪心志之操。故於其篤修好學,身世家庭,知之甚深。余無言以評褚子之著述,余不能無言以述其治學之方,為學之志;余無言以頌褚子之博士,余不能無言以明其非如世俗之士,弋取博士虛名,翹然而思有以自號於眾之人。」

在簡要敘述褚氏的身世後,他寫道,褚民誼於「一九零六年,偕張靜江先生即來法,法國華僑諸公益事業,若書報之傳達、印局之創設、工商之協進、宣導組織,靡不殫精而竭力,尤以教育運動,介紹留學,為其致力之中堅。時褚子以為「己學未必過於人學;少數人學不如使多數人學。」故曾棄其獨學之機,而樂為學界奔馳。褚子又曰:「西洋文明未必盡出於學校,吾人所欲取吸之者,亦未必盡在於學校。廣大之社會,繁跡之宇宙,慧眼人處之,無往而非天造地設之學校也。」故褚子遇事考究,觀察入微。不惟注意學界之組織,而又比較社會民俗政情教儀之得失。」

蕭子昇赴法勤工儉學期間,曾在華法教育會擔任秘書工作,親自見證了李石曾回國前,委託褚民誼在法國負責籌建里昂中法大學的那一席談話。他還曾隨褚民誼到比利時考察,並在文中披露道,「當中法大學建立之議既定,比國政學界人聞而慕之。褚子之友人比京大學教授聚爾(Paul Gille)君等,屢馳書褚子,商中比教育之協進,乃與比國曉露槐工藝大學議組中比大學。今工藝大學中之中國學生寄宿舍,已落成矣,中國學生居其間者百人。故中國海外大學學務之組織,在法在比,褚子之用心多焉。

「當余之第二次來歐也,為一九二二年十月。時褚子方欲出里昂,謀潛修,而國內函電再四,又促之歸北京,教授於大學;旋而江浙友人之信又至;旋而閩粵友人之信又至,皆敦促就道,爭相聘約。褚子從容告余曰:吾不欲遽棄獨學以問世也,必成己而後有以成物;必深造大成而後有以利人,即與余促膝作竟夜談。」在所記載的長談內容中,除論及「為社會人群而學」的志向以外;還全面地考慮了個人深入學習的可能。為此,就五個所應具備的主要條件,

逐項進行了分析，從中反應出褚民誼其時的生活和學習狀況，摘要分述如下：

「一曰強健之體魄。「先生體重七十五六公斤，高一米七十五，臂力過人，精醫術，詳生理，善攝養之術（如每晨體操，自十七歲起未嘗間斷。寢前冷水洗身或用巾器乾擦，皆衛生中最可宜之法也），又好運動，騎馬、網球、拳術、游泳、舟車、競走之事，無不喜為而常為之。余見中國學生千萬人矣，鮮有如先生之魁偉充實與西人並立而無愧色者也。夫體格之強健，關於後天之修養，可以學得者半；關於先天之遺傳，不可致力者亦半。（褚子孕十二月而後生，可見其得於先天者之厚）……先生之體魄，天賦之特質，求學之寶器也。

「二曰堅決之意志。「堅忍之義有二：一曰久；二曰專。「先生來法十有七年，民國初建，革命同仁曾召先生以官矣；中法大學曾呼先生以校長矣；國內大學曾迎先生以教授矣。而先生從容告余曰，吾不欲遽棄獨學以問世也。終不忘醫學、生物學、解剖組織學為其愛子。是蓋可以專可以久者。

「三曰精密之思考，人皆可以求學，然無精密之頭腦與敏捷之思考者，不易為學者。「今先生之腦，受科學之訓練已三十年矣。其思考至微而能深入於理，又擅製作之長（褚子手制影燈及各種儀器標本甚多，普通用具多能自造，即此書中各種插圖，亦其親自繪畫，且成之最速者也）。

「四曰適當之環境。「先生留學於東瀛，涉足於南洋，漫遊於歐洲各國，久居法蘭西學術文明先進之邦，儀器滿幾（科學界各種應用重要表尺與器械購置甚多），圖書盈室（積十七年之搜集，有可珍者），內無室家後顧之憂（早斷絃，未續娶），外有師友共學之樂。

「五曰適當之年齡。「先生家學淵源，少治國學，長習科學。二十年來，復肆其力於東西洋專門大學。既善法語，兼通英、德，春秋鼎盛（今年四十一歲），根底雄深。先生之於學，可謂取精多而用物宏者。先生不學而將誰學乎？褚子曰，唯唯然！吾亦誠無異言。

「越日，褚子東行，往史太斯埠（斯特拉斯堡），寢饋於醫學，兼學藥。深以李君聖章所贈中醫書籍之注語為然。其言曰，中醫不可廢，中藥尤不可廢。故褚子思以西藥制練之法，改良中藥，提精擷秀，期有新藥料之發現以供世。越八月，相遇於巴黎，褚子告余曰，學問之道，愈行而愈遠，亦愈行而愈樂。吾近有兔陰期變之理之研究，得前人之所未見者甚多，將為說以著於篇。又五月，余過史太斯埠，止其寓，且久，屢觀其解剖室。褚子詳語余以所得。又五月，而褚子之書成。由其師博杏君主考論文，授褚子以博士。」

當時中國「自科舉廢而學校興」以來，在出國留學中，曾出現「托虛名以自顯」「以學問為敲門磚，以博士為欺世溕人之工具」的惡劣風氣。他在批判了社會上這種不良傾向後指出，「褚子民誼向抱教育均等主義，亦以世之博士為可羞，未嘗欲褘其所學博一博士之名也。且醫學博士之論文，識者視為形式文章。以病論病，一二月間即終卷矣，焉有求乎新發明以立論為？今褚子以歲餘之時日，埋首試驗室中，實力研究兔陰之期變，其以學為重，而不斤斤於博士之名者甚顯矣。且常謂余曰：

　　「學問之代價為研究，而其酬報不在名譽利祿，而在精神上之愉快：由不知而知，由惑而信；探討追求，如黑夜入森林而索燭也；如赤子失途而尋其親也。一旦有所獲焉，其快於心者，豈可與尋常耳目口體之樂同年語哉？」

　　褚子平昔之持論若此；而實踐其言者又如彼，尚有動於博士之名耶？蓋褚子之學，區區博士，售之而早有餘；褚子之志，其為學不過發軔之初，於學位無與焉。使不知者而以世之博士視褚子，褚子聞之，又將失笑矣。

　　民國十三年二月一日敬跋並書於巴黎子昇蕭旭東」

第二節　兔陰期變，題解自述

　　為了說明該論文的目的和內容，如後頁上圖所示，褚民誼書寫了「兔陰期變論題解」置於文前，全文如下：

　　「兔陰期變論者，論兔類陰道隨其卵巢之發育循環而呈期變也。何謂卵巢發育循環？曰，萬物並育，而賴生殖，所以傳其種，保其族也。生殖以時，故有生息。生而息，息而生者，是謂生殖循環。而，其所以為生殖者，為卵巢之發育。生殖既有循環，則卵巢之發育，亦有循環。其為期也，有定；各各不同，其為變也。有序；亦各各異。一年僅一循環者，謂之單發育類。一年二次或二次以上者，謂之複發育類。發育之循環然，生殖之循環亦然。研究萬物生殖之理者，必察其卵巢之發育循環之如何為期與變，以得其恒。故論各各哺乳動物之發育循環，非無據也，而實有其條理之可尋。特條而理之，區以別焉，有大同小異耳。蓋卵巢者，生殖之中樞也，有卵宅焉。卵者，生物之源也。卵衣以包，曰，卵包。卵包成熟之時，即情感起發之秋，發育之正期也。或曰，起。諺曰，『貓起過年；狗起種田。』言發育之有定期也。起者，起發乎其情。情相感，而後相交。相交而後相生。相生不已，則族類滋繁而不滅。是故

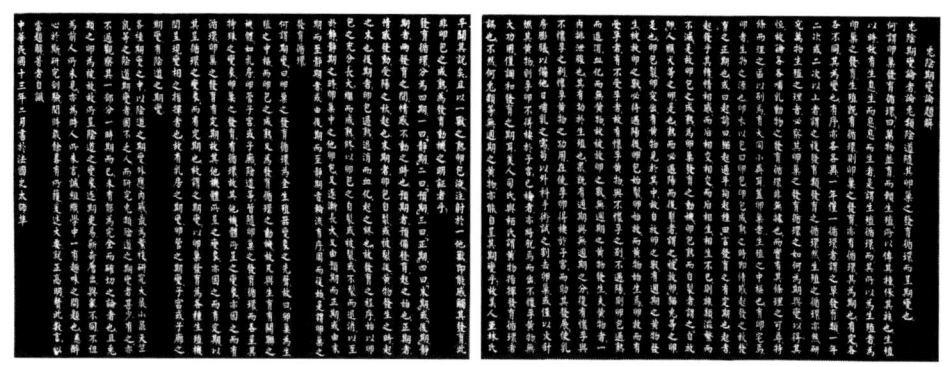

褚民誼書寫的兔陰期變論題解[1.4]

卵包之成熟，為卵巢發育之動機。卵包熟而自裂者，謂之『自放卵』。人猴犬等之卵，是也。熟而必遇陽而後裂者，謂之『被放卵』。貓兔等之卵，是也。卵包裂，卵突出，有黃物見於其中。故自放卵之獸，有週期之黃物發生。被放卵之獸，必待遇陽後，卵包始裂，卵始放，而黃物始生焉。卵放而有受孕者，有不受孕者。故有懷孕黃物，與不懷孕之別。不遇陽，則卵包過熟，而消退，血化而無黃物。故被放卵之獸，無週期黃物之發生。夫黃物者，一內排泄腺也，其有功於生殖也。眾既有週期無週期之分；復有懷孕與不懷孕之別。懷孕黃物之功用，在使孕卵得棲於子宮，而助其發展；使乳房膨脹以備他日哺乳之需。苟以外科手術試之，割去卵巢，或僅以火針燃其黃物，則孕卵不得棲於子宮；已棲者，亦將脫焉而出。不懷孕黃物，無大功用，僅調和發育之期耳。美人司氏與柏氏謂黃物指揮發育循環者，誤也。不然，何兔類等無週期之黃物。亦能自呈其期變乎？故美人亞林氏，早闢其說矣。且以一獸之熟卵包液，注射於一他獸，即能感觸其發育。此非卵包之成熟為發育動機之明證者乎？

發育循環分為四期：一曰『靜期』；二曰『預期』；三曰『正期』；四曰『末期』或『後期』。靜期者，兩發育之間，情感不動之時也。預期者，預備發育，起之始也。正期者，感情發動，受陽之秋，起也。末期者，卵包自裂，或被裂後，黃物發生之時，起之末也。後期者，卵包過熟，退消而血化，起之終也。故發育之程序，始以卵包之充分長大，繼而成熟，終以卵包之自裂或被裂，或不裂而退消，以致於靜。靜期之時，卵巢中之他卵包，又逐漸長大，又由預期而正期，或由末期而至靜期者，或由後期而至靜期者，輪流有序，周而復始，是謂卵巢之發育循環。

何謂期變？曰，卵巢之發育循環為全生殖器變象之先聲。故曰，卵巢為生殖之中樞。而卵包之成熟，又為發育循環之動機。故凡與生育有關聯之機體，如乳房、乳管、子宮或子廊、陰道等，皆隨卵巢之發育循環，而各呈其特殊之變象。卵巢之發育有循環，故其他機體所呈之變象，亦因之而有循環。卵巢之發育有定期，故其他機體所呈之變象，亦因之而有定期。以其呈循環之變象，而有定期也，故謂之期變。以卵巢發育為各種生殖機關呈現變象之指揮者也，故有乳房之期變，卵管之期變，子宮或子廊之期變，有陰道之期變。

各種期變之中，以陰道之期變，外應內感，最為繁複。研究大鼠、小鼠、天竺鼠等之陰道期變者，固不乏人；而研究兔類陰道之期變者，甚少。有之，亦不過觀察其一部分一時期而已，未有能為完全而確切之論者也。且兔類之卵為被放，故所呈陰道之變象，逐期更易，新奇層出，與眾不同。不但為前人所未見，亦為時人所未言；誠組織學中一有趣味之問題也。愚醉心於斯，研究剖驗，閱時歲餘，略有所獲。爰述大要，就正高明，贅此數言，以當題解。著者自識。

中華民國十三年二月書於法國史太師埠」

第三節　蔡元培序　指明真諦

生殖是涉及動物得以繁衍不息的根本問題，褚民誼對此進行了創新研究，深得蔡元培的賞識。作為一位富有開明思想的教育家，蔡氏以敏銳的眼光，在論文發表之初，便預判到來自傳統舊思想的誤解和責難。他在親筆題寫的序言（見右圖）中，對這類阻礙科學進步的偏見進行批駁的同時，充分肯定了《兔陰期變論》研究成果的積極意義，全文援引於後：

「序　褚君民誼治組織學有年，近以研究所得，著兔陰期變論一篇。其中要點，已見於褚君自著之題解；而其研究之經過，則蕭君子昇之跋，又已詳言之。

蔡元培題序[1.4]

余所以尚不能已於言者,則以此等問題,在我國普通人眼光,或將以「無益費工夫」視之。蓋自孔子之徒,以小道為致遠恐泥;而宋之儒者,又喜用玩物喪志之廣義;是以學者遇一問題,儻非與彼輩所謂世道人心,有直接關係者,皆將視為無探討之價值;而又經古代崇拜生殖機關之反動,對於此種機關,尤以為猥褻而不敢道,此即吾國科學不發達之一因也。宇宙之間,事無大小,未有不互相關聯者。古人稱『一物不知,以為深恥』。今之科學家,誠有此態度;惟決不敢作一己盡知之妄想,冀與世界同志,孜孜研求,日知其所無云爾。彼等為饜其求知之欲望,而研求不已。初不計所求得者,是否可以應用於實際之生活;而發明以後,利益之溥,或非本人初料所能及。例如植物雌雄蕊之別,我國人素未注意。歐洲科學家之發見者,其初亦不過用為類別植物之一助;而研求既久,關係大明;一切擇種改良之方法,皆以是為基礎;園藝之業,因而進步。其遺傳之理,可應用於人類;而雌雄蕊高下不同之配置,且足以證明古代同姓不婚之有理。使其初以研求植物之生殖機關為無謂而置之,又安得有此成功耶?動物與人類尤為切近;而兔類可為家畜,較之鼠類,尤與經濟問題有關;褚君之所發見,又包舉各期變態,為前人所未及。然則本此理論,而求出繁殖兔類之方法;或推諸其他家畜,在畜牧上,必極有利益;而推之於人類之生育於淑種之學,亦未必全無影響。且觀於情慾發動與生理變遷之關係,如是其密切,則凡以縱慾敗度為憂者,不能棄生理病理而專求諸心理,亦至易明。然則褚君此篇,又豈得視為無益而忽之哉?中華民國十三年二月十日,蔡元培識,時寓比利時都城不魯捨爾(佈魯塞爾)。」

為了感謝蔡元培的慧眼知育,如右圖所示,褚民誼特親題謝詞於其序言之後,曰:

教我良師,輔我益友,
親族鞠育,德惠深厚。
圖報云何,繼今之後,
養氣十年,讀書二酉。
庶幾有成,可大可久,
謹此誌謝,重行拜首。

褚民誼對蔡元培序的謝詞[1.4]

第四節　竣業鳴謝，告別歐洲

褚民誼從1904年二十歲起離家留學，先東渡日本，繼而於1906年赴法，直至1924年完成醫學學業，其中曾數次短期回國，在異鄉前後達二十載。辛亥革命前，他全身心地投入革命宣傳活動；民國成立後，他是旅歐教育運動的一名中堅，特別是為創辦中國第一所海外大學和推動中法、中比間的文化交流，竭盡辛勞，其業績在國內外有目共睹。

他在斯特拉斯堡醫學院以優異成績獲得博士學位的消息很快傳到了國內。當時流行國內的第一份報紙攝影副刊《圖畫時報》週刊[2.7]，於1924年7月27日第210期上，對此及時進行了報導，在祝賀的同時，表達對他早日回國效力的企盼。如右圖所示，該刊登載了褚民誼接受博士學位時的照片，其旁說明道：「前里昂中法大學副校長褚民誼博士不日滿假，前年又入史太師保（斯特拉斯堡）醫科大學研究，今年著兔陰期變論一書，于生理學上極多發明，該大學特贈以博士學位云。」

1924年7月27日時報《圖畫時報》[2.7]（No.210）上登載的褚民誼於是年獲醫學博士的照片和消息

值得指出的是，褚民誼在學習西方先進醫學的同時，內心考慮的是如何發展中國自己的醫藥事業。正如他留法時的好友蕭子昇在《兔陰期變論》[1.4]的跋中所述，褚民誼在從事博士論文研究的過程中曾向他表露「中醫不可廢，中藥尤不可廢」的主張，希望「以西藥製練之法，改良中藥，提精擷秀，期有新藥之發現以供世。」為此，褚民誼在1924年6月5日取得醫學博士後，繼續攻讀藥學，直至是年11月取得藥劑師學位。至此，他在歐洲漫長的遊學生涯終于劃上了圓滿的句號，便立即摒擋返回闊別已久的祖國。據本章第一節「鍥而不捨，終達夙願」中所述的斯特拉斯堡市「住所登記卡」上記載，褚重行於1924年11月10日離開該市回國，目的地北京，其身份亦相應地從學生改為了「醫學博士」。

在即將離別歐洲之際，褚民誼感念在這段難忘的經歷中，曾經共同奮鬥和在各方面支持過他的中外師長、同志、朋友和遠在故鄉的父老鄉親們，並把自己的博士論文獻給他們，以表達感激之情。獻詞用五頁篇幅，寫在他的論文法語部分的扉頁之後，鄭重表達如下：

—獻給我的指導老師及論文考試主席：

　　Paul Bouin（布安）先生（斯特拉斯堡醫學院組織學教授，獲法國榮譽軍團軍官勳位）

—獻給我的論文評審委員們

—獻給里昂中法大學的推動者們：

　　Courant（古恒）先生（中法大學協會秘書長，里昂大學中文教授）

　　Herriot（赫里歐）先生（里昂市長）

　　Joubin（儒朋）先生（前里昂大學校長，越南教育總督）

　　Lepine（雷賓）先生（里昂醫學院院長，中法大學協會理事長）

　　Majoulet（馬局來）將軍（前里昂市督軍）

　　Moutet（穆岱）先生（華法教育會副會長）

—獻給比利時沙勒羅瓦（Charleroi 曾稱曉露槐）「中國科技工作者之家」的創辦者們：

　　Paul Gille（聚爾）先生（新佈魯塞爾大學教授）

　　Hiernaux（耶洛）先生（沙勒羅瓦勞工大學校長、工程師）

　　Paul Pastur（帕斯圖爾）先生（中國科技工作者之家常駐代表）

—紀念我的母親和叔父[25]

　　紀念我的妻子[26]

—獻給父親、姑姨、姐妹、朋友

—獻給下列的先生們：

　　張靜江（中國革命的推動者，法國教育的傳播者）

　　李煜瀛（遠東生物學會會長，國立北京大學生物系教授）

　　吳稚暉（國家文字改革協會會長，作家和哲學家）

　　蔡元培（前教育部長，國立北京大學校長，獲法國榮譽軍團指揮官勳位，紐約大學榮譽博士）

---

[25] 叔父是他的過繼父親。
[26] 在家中早逝的張氏。

汪精衛（作家與詩人，中國革命的推動者，廣東省教育協會主席）

蕭子昇（國立北京大學駐歐通訊員，《海外》雜誌記者）

右圖是，褚民誼獲得博士學位後，贈給曾引領和資助他負笈歐洲的同鄉張靜江的照片。褚民誼神采奕奕，身著博士服手持博士論文《兔陰期變論》，在其兩旁上下分別作有「靜江世叔大人惠存」和「世侄慶生敬贈」之簽署。他以「世叔大人」之尊稱，並以出生時「世侄慶生」之原名自稱，深情地表達出他對張靜江先生知育之恩的謝忱。（該照片由南潯歷史學家徐順泉提供，原件現存中國第二歷史檔案館）

1924年褚民誼在法國斯特拉斯堡醫學院取得博士學位後，贈送給張靜江的畢業照

第八章　旅行雜誌，歐遊追憶

褚民誼1924年回國，並於1928年春夏為考察衛生再度訪歐。當時《旅行雜誌》[2.10]剛於1927年在上海創刊。1928年9月他回國後不久，即應該刊主編趙君豪的邀請，如右圖所示，從1929年1月份的第3卷第1期開始，至同年第10期止，連續十期，發表了二十餘年來遊歷歐洲的遊記〈西歐漫遊錄〉。文章發表後，很受讀者歡迎，遂經作者整理，由中國旅行社於1932年10月以專著出版，書名《歐遊追憶錄》[1.24]（見後頁右上圖）。該雜誌在第7卷第1期（1933年1月）上，以整版刊登告示，對這本專著推介如下：

「中央委員褚民誼先生四度游歐，於歐洲風土人情，最所熟諳。上年應中國旅行社之請，撰西歐漫遊錄，刊諸旅行雜誌時，歷一年之久，始將法國一部分述完，都凡五萬餘言。讀者以原書興趣濃郁，文字生動，圖畫精美，爭相傳頌，歎為不朽之作，紛紛函請另出專書，用垂永久。褚先生不忍過拂讀者之意，緣於百忙中，將全書重加增訂。更徇汪精衛先生之請，更名為《歐遊追憶錄》，即請汪先生題簽。吳稚暉先生為制一序，洋洋灑灑，凡數千言。全書以遊歷為主，夾述風土人情政治軍事教育與各地華僑情狀，以生動之文筆，狀述有趣味之事蹟，令人百讀不厭，為遊記中之別具風格者。全書約在百頁左右，用重磅美術乳黃紙精印，

《旅行雜誌》第3卷第1期（1929, 1）開始連載褚民誼著〈西歐漫遊錄〉：（上圖）該刊封面；（下圖）該文首頁[2.10]

以漢文正楷活體字排書，封面為厚布紋紙，非常典麗。每部實售洋一元五角，外埠加郵費一角六分，發行所上海及各地中國旅行社。」

吳稚暉是與褚民誼在留法期間的同志和摯友，對書中的描述讀後感觸尤深，特為該書親筆題寫了一千五百餘字的序言，著重將這本現代遊記，與中國古代史學家司馬遷（太史公），在遊記中以寫景舒豪情相比擬，對該書進行了評述。

「人是地球上一個小動物。地球在宇宙中固然亦算不了什麼東西。」他寫道，「然而宇宙自有地球，地球自有了人，忙了不知多少古今，終還覺得人是太藐小，地球還是太大。最

1932年10月出版的褚民誼專著《歐遊追憶錄》[1.24]

令今人看了古人，或甲人看了乙人，會流連慨慕，引起無限情感的，就是人在地球上行動。無論能在地球上轉了好多轉，或在古代止能在地球的極小一隅上行動，終之敘述到了那行動的往迹，善敘述的，便使人有味的低徊而不能止。譬如史記是大文章，司馬遷是奇人。拿奇人做大文章，當然處處俱能引人入盛。」

他在列舉了太史公雲遊四方時，如何借景傳情，從黃帝堯舜之風教固殊，水之利害和大禹疏水之本領，齊魯當地的風土人情，直至身臨其境地慟感許由和屈原的悲情等等之後，寫道，「所以儘管如何的大文章，終不及能把他確實在地球上盤旋過的陳迹，寫了出來，尤加生色；並且所謂大文章，也不過能夠寫得出他所盤旋的陳迹，寫得入情入理，叫我們隔了千百年，還如同跟了他聽長老稱說，或跟了他垂涕罷了。並非靠著幾句大話，所謂藏諸名山，傳諸其人，就把文章會無緣無故的大了起來。我的朋友褚民誼先生方印成一冊歐遊追憶錄，他先給我快讀。他比司馬遷當時行動在地球上的區域，當然要推廣得遠多。凡先生所行動，在我雖不及六七，但令我回想到如何在某處聽長老稱說，如何至某處弄到垂涕，多半與他追憶的，也無不相同，但先生能一一追憶了。寫到如令我讀太史公曰如何如何還加倍有勁，還加倍叫人低徊不能止，那也就不能不令我叫絕，說他是大文章。但在先生乃無意中止把自己所流連過的，寫出來供人流連，決不像司馬遷曾有藏諸傳諸的蛇足思想。文章的大小先生沒有

工夫管到，即我也不願管到那些腐儒的批評。終之這又是人在地球上行動的一冊奇書，能供人流連慨慕，引起無限情感的一種刊物，決不讓太史公曰如何如何，能專美于前，則一無可疑者。我敢寫這幾句在本書前面，以告後來無窮之讀者。中華民國二十有一年七月吳敬恒」（吳氏的手書全文見右圖）

如前所述，本書初以「西歐漫游錄」長篇連載在《旅行雜誌》上，褚民誼在著者「自序」中簡要介紹其成書經過的最後稱，「本書名為游記，實則憶念所及，任意落筆，未拘於一格，而書中尤以敘述往事為多，故徇精衛先生之意，更改今名為『歐游追憶錄』云。」

吳敬恒（稚暉）為《歐遊追憶錄》的親筆題序[1.24]

《旅行雜誌》主編趙君豪，是積極主張出版本專輯的最力者。他博覽近人紀游之作，在為「歐游追憶錄」所作的序言中，詳述了該書的顯著特色，全文摘引於本節後述的附錄中。

此外，我國著名的銀行家和旅游業的創始人陳光甫，亦為之作序，略謂「自來紀游之作，大都刻畫風雲，流連光景，或寫山水之美，或敘風土之宜，至若考治原、論學術、述往事、資來者，十不一二焉。吳興褚先生民誼，早歲從學，四渡歐土，追憶聞見，撰為斯錄。蓋自清末以迄今茲，事變益亟，可得而言……先生出諸親見，敘記周至……革故鼎新，此其嚆矢。足為後來史家采拾之資。「若夫察治亂之微，著興衰之迹，直書所見，曲暢其文，雖法顯佛國之誌，玄奘西域之記，何多讓焉。」對該書的問世給與高度評價。

褚民誼喜愛攝影，與〈西歐漫遊錄〉論文連續發表相配合，在該雜誌[2.10]上還發表了自攝的系列風景照（示例於後頁之左上和右上兩圖）。如：介紹「碧綠海岸」（Cote d'azur）—法國東南地中海之勝地（Vol.3, No.1-2）；「過爾斯島」（La Corse）—地中海內的拿破崙故鄉（Vol.3, No.3）；「羅納河流域」（La Valee du Rhone）—從瑞士發源流入地中海的羅納河兩岸（Vol.3, No.5）；「潑羅文化」（La Provence）（Vol.3, No.6）；「亞爾伯山風景」（Les Alpes francaises）—法國西南與意大利交界的阿爾卑斯山區（Vol.3, No.8）等。

他還應邀在該雜誌的留學專刊上發表了〈歐洲讀書一得〉（Vol.3, No.8）的

第八章　旅行雜誌，歐遊追憶　139

論文（見中下圖）；他的〈環球飛行記〉（Vol.3, No.11）譯文及〈上海較巴黎如何〉（Vol.4, No.1）（見右下圖）等文章也相繼面世。此外，他還發表了多篇國內遊記，如：連續登載三期的〈西山遊記〉（Vol.3, No.12; Vol.4, No.1-2）和〈西北遊記〉（Vol.4, No.5）以及〈新疆人民的生活〉（Vol.6, No.1）等等。

褚民誼從1933年《旅行雜誌》第7卷第3期開始繼續寫作《歐遊追憶錄（第二集）》[1.23]（文章的首頁見左下）。正如該期「編者致詞」中所述，褚民誼的足跡幾乎遍及歐洲各國，但《歐遊追憶錄》第一輯僅僅是法國一部分。該書「出版後風行一時，得著出版界無上的榮譽。」為了滿足讀者的厚望，應編

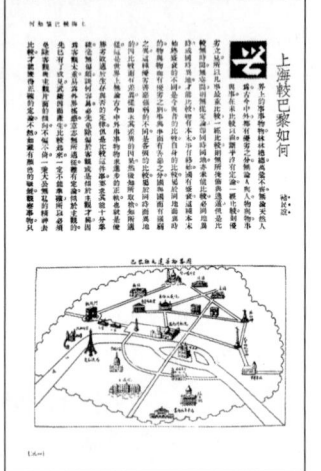

褚民誼在《旅行雜誌》上發表的諸多作品選登[2.10]

者的再三請求，他盡力抽空，從第3期起，並接着在第4，6，7和10期上，分五期發表了歷年訪問比利時的情況，但最終由於國事繁忙，在第10期上向讀者致歉而終止了全部寫作。上述文章的主要內容將在本書相關部分引用。

此外，如前所述，褚民誼的足跡幾乎遍及歐洲各國，在結束應《旅行雜誌》之邀兩度親自捉筆發表「歐游追憶錄」[1.21][1.23]之後，為聊補不足，該刊主編趙君豪，於1935年專訪褚氏於其寓所，長談後，在該雜誌第9卷第11期（1935，11）上，發表了〈褚民誼先生訪問記〉，並以〈歐洲行腳〉為題，刊登了褚民誼攝影集中的二十餘幀作品，扼要地介紹了褚氏於1924年對南歐和1930年對北歐的兩次遊歷，詳情見第三篇第四章之第四節「文化使者，國際合作」。

《附錄》趙君豪《歐游追憶錄》序言全文[1.24]

趙序：歐游追憶錄既付剞劂，民誼先生以書抵予，謂予粗議刊布者最力，願得數言，因緣翰墨。予與先生，親灸既久，又何能已於一言。竊念此作，有未可與常人著述等量齊觀者在，用特彰以明之。夫近人紀游之作，徒侈言山水之奇，游觀之樂，而於途程遐邇，舟車經行，輒未能多所陳述，踵轍有人，初難視為準則。若先生羈旅歐土，先後二十有三年，車塵馬跡，聞見充斥，凡茲所言，足資印證。書中尤於海程計時之伸縮，經度緯度之差別，言之綦詳。又以紅海苦熱，自滬西行，艙位宜佔右舷，自歐歸華則反是。此雖小節，似無當於是大雅。然游子整裾，初出國門，得此新知，視同瑰寶矣。先生於旅途中事，無不洞徹。人之所忽，一出諸先生之紀載，則持之有故，爭相傚則，其便利征夫，豈復常人所可企及，此其一。近人于役異邦，歷時短促，通都大邑，往復匆匆，未及終歲，足跡已遍環宇，觀察所得，能復幾何，而乃撰述專書，輒為盈篋，偶一披讀，未嘗不驚其為觥觥之鉅製。然一夷攷其事實，則所言僅涉皮相，此非欺人，直自欺耳。先生漫游西域，既歷歲時，風土人情，所知獨富。而於盛衰之跡，纖鉅之事，又莫不窮其本源，稽其微末。故終斯編無一語出諸臆搆，無一語失之淺薄。彼看花走馬者，夫又奚足以盡之，此其二。近人自歐西歸者，多力繩其風物之佳，敷政之美，而於祖國之事物，遂鄙夷若不屑道，一似置身異邦，衣食住行，樂同天域。先生此作，則多以風土人情立言，凡足以稱道者，固無不予以昌明，而瑕疵所在，又無不力加指摘。凡所論列，務得其平，與一味曲譽者，固非可同日而語，此其三。又先生與吳稚老同客巴

黎時，嘗於城南達樂街創設中國印書局，發行新世紀周報，鼓吹民族革命。其時招集手民，至不易易。褚吳兩先生乃躬自為之，舉凡編輯排印校對發行諸役，幾叢集於一身，其苦況遠非今日總持輿論者所可想像。而稚老屬文授刊，同其晷刻，文成字亦盡值，乃無需於草稿，至今播為美譚。周報前後共出一百餘冊，至一九一〇年停刊。最後一期，載汪精衛先生刺攝政王壯舉，稚老以精衛先生必難生還，乃發之文章，紓其哀思，更於文上範以黑邊，用志悼語。凡上所述，予意讀者至此，必為擊節，而又繼以掩卷低徊，不能自已。於此可知先生此書應作革命外史觀，非盡於游蹤傳舍之篇章也，此其四。綜此四端，固僅就其犖犖大者而言，他若文字之茂美，圖影之精勝，又自彰灼，在人耳目，無俟贅陳。顧亭林氏謂有體國經野之心，而後可以登山臨水。先生此作，其庶幾乎。抑予更有進者，先生於十八年歸滬，予即以撰述歐游文字為請，月致數函，急於置郵。先生乃不以為忤，積月經年，成此鉅著。昔日先生或以為喋瀆煩囂者，在今日晴窗展卷，或又用以為行吟野嘯之談助乎哉。既成，田守成先生校讎之力為多，此尤先生與予所欲深致感謝以告之讀者者也。

民國廿一年（1932年）秋序於琅玕精舍

國家圖書館出版品預行編目

褚民誼紀實全傳. 第一卷, 立志求真 / 褚幼義主編. --
[臺北市]：獵海人, 2025.07
面；　公分
ISBN 978-626-7588-21-5(平裝)

1. CST: 褚民誼　2. CST: 傳記

782.886　　　　　　　　　　　　114002532

褚民誼紀實全傳　第一卷
立志求真

主　　編／褚幼義
出版策劃／獵海人
製作銷售／秀威資訊科技股份有限公司
　　　　　114 台北市內湖區瑞光路76巷69號2樓
　　　　　電話：+886-2-2796-3638
　　　　　傳真：+886-2-2796-1377
網路訂購／秀威書店：https://store.showwe.tw
　　　　　博客來網路書店：https://www.books.com.tw
　　　　　三民網路書店：https://www.m.sanmin.com.tw
　　　　　讀冊生活：https://www.taaze.tw

出版日期／2025年7月
定　　價／380元

版權所有・翻印必究　All Rights Reserved
Printed in Taiwan